從羅馬的遺產到君士坦丁堡的陷落
多元世界帝國的歷史、文化與宗教

BYZANTINE
EMPIRE

林之滿，蕭楓 主編

千年拜占庭
輝煌到衰亡的帝國史詩

深入分析政治變革，揭示拜占庭帝國的興衰歷程

描繪文化融合與宗教衝突，展現多元文明的交匯

從羅馬遺產到千年帝國，一段跨越時代的歷史旅程

重現君士坦丁堡陷落的歷史時刻，感受帝國的最後榮光

目錄

目錄

★ 新羅馬 —— 君士坦丁堡

★ 拜占庭的文學藝術與教育

★ 拜占庭的自然科學

目錄

序言

在人類歷史的長河中，許多帝國如流星般短暫閃耀，然後迅速消逝。然而，拜占庭帝國卻如同一顆持續發光的恆星，其光芒照耀了整整一千年。本書探索這一古老帝國從羅馬的遺產到君士坦丁堡的陷落這一曲折複雜的歷程。

拜占庭帝國，這個名字從其建立之初就承載著羅馬文明的血脈。從西元 330 年君士坦丁大帝將羅馬帝國的首都遷至拜占庭（後改名為君士坦丁堡），這個帝國就注定要在歷史的舞臺上扮演一個獨特的角色。它不僅是羅馬帝國的延續，更是一個獨特文化和宗教的熔爐，將東西方的藝術、學問和信仰融為一體。

在這本書中，我們將帶領讀者穿越拜占庭帝國的金碧輝煌，見證它如何在多元文化的交匯點上發展出獨特的政治體系、藝術風格和宗教信仰。從壯麗的聖索菲亞大教堂到複雜的宗教爭議，從軍事上的輝煌到內部的政治陰謀，每一頁都是對這個偉大帝國深層次理解的探索。

此外，我們也不會忽視那些被歷史塵封的故事。拜占庭的普通百姓、藝術家、學者和士兵，他們的生活和夢想同樣

序言

構成了這個帝國豐富的歷史畫卷。他們的故事，或許不如皇帝和將軍們那般轟轟烈烈，但卻是更為真實和貼近生活的歷史見證。

拜占庭帝國的衰落，並非一夜之間的災難，而是長時間內累積的結果。從內部的政治腐敗到外部的軍事壓力，從經濟的衰退到文化的逐漸式微，這些因素共同編織了一個帝國終結的悲劇。1453 年，當鄂圖曼土耳其人攻破君士坦丁堡的城牆，一個時代劃上了句點。然而，拜占庭的影響卻遠未停止。它的文化遺產和歷史經驗，如同種子一般，播撒在了遠遠超出其疆界的土地上。無論是對於後來的歐洲藝術、建築，還是對於東方正教會的形成和發展，拜占庭帝國都留下了不可磨滅的烙印。

在本書中，我們也將探討拜占庭帝國對現代世界的影響。許多現代國家的法律、政治體系乃至日常生活中的習俗，都可以追溯到拜占庭時期的影響。此外，拜占庭的故事也給今天的我們提供了寶貴的教訓——關於帝國興衰的普遍規律、文化交流的重要性以及多元社會的管理。

此書不僅僅是一部歷史著作，它是對一個文明的全面展現，一次穿越時光的旅行，一次對過去輝煌與衰落的深刻反思。透過對拜占庭帝國千年歷史的探索，我們希望讀者能夠更深刻地理解今天的世界，以及歷史對當下的深遠影響。

在這段旅程的結束時，君士坦丁堡的偉大城牆或許已倒塌，但拜占庭的故事、它的智慧和美學，仍然在人類文明的長河中閃閃發光。這本書，是對那段長達一千年的輝煌與衰落的致敬，也是對一個曾經燦爛文明的深情回顧。

讓我們一起翻開這本書，開始這段穿越千年的歷史之旅，探索和理解這個偉大帝國的過去、現在以及對未來的啟示。

序言

帝國起源：羅馬的影子下

「拜占庭」名稱的由來

　　「拜占庭」這一名稱最初是指位於博斯普魯斯海峽的古城拜占庭。這個城市始建於古希臘商業殖民時代，4 世紀時，君士坦丁大帝（324 ～ 337 年在位）在古城舊址上擴建羅馬帝國的東都，重振帝國雄風。此後，拜占庭城飛速發展，成為地中海地區第一大都市，而拜占庭這個名字也因此傳遍世界。

　　然而，在中古歐洲並不存在什麼「拜占庭帝國」，也沒有任何民族自稱為「拜占庭人」。當時，原羅馬帝國東部被稱為「東羅馬帝國」，其君主自稱為「羅馬皇帝」，當地的居民則自稱「羅馬人」，連他們的首都也冠以「新羅馬」。那麼，我們使用的「拜占庭帝國」「拜占庭國家」和「拜占庭人」等名稱究竟從何而來呢？要回答這個問題並非難事，這些稱謂實際上是近代學者在研究工作中開始採用的。1526 年，德國學者赫羅尼姆斯‧沃爾夫在最初奠定《波恩大全》編輯基礎工作中，第一次使用「拜占庭」一詞，以示本書的內容有別於其他古希臘和近代希臘的歷史文獻。1680 年，法國學者塞薩爾‧維夏爾‧德‧聖雷亞爾沿用這一名稱作為其《拜占庭史》一書的題目，用來講述這個以古城拜占庭為首都的東地中海國家的歷史。久而久之，學者們就將涉及這個古國的事物冠以「拜占庭」二字，東羅馬帝國也自然的被稱為「拜占庭帝國」。

帝國歷史的開端

　　拜占庭國家歷史始於君士坦丁一世正式啟用古城拜占庭為東都「新羅馬」，這一年是西元 330 年，後來該城改稱為君士坦丁堡，意為「君士坦丁之城」。拜占庭歷史起始年代長期以來一直是史學界爭論不休的問題，學者們對這一年代的判斷各持己見，意見多達近 10 種。本書採用通說 330 年作為拜占庭國家史的開端。

　　從真正意義上來說，拜占庭國家在 330 年時已經具有比較完善的政治實體。這時正是羅馬帝國歷史發展的轉折點，發生了「西元 3 世紀危機」，這場危機使羅馬帝國陷於全面的社會動盪和政治混亂。在動盪的局勢中，相對穩定的東羅馬帝國即拜占庭帝國逐步發展，其作為帝國統治中心的政治地位逐步超過了帝國西部。自皇帝戴克里先（245 或 246 ～約 316 年在位）及其後的多位皇帝將行宮設在帝國東部。直至 330 年，君士坦丁一世正式啟用擴建後的拜占庭城為「新羅馬」，標誌著具有獨立政治中心的政治實體的形成。而此時的羅馬和亞平寧半島作為帝國政治中心的地位已經名存實亡。新國家帶來了新氣象，遷都後的君士坦丁一世，在新國家進行了一系列改革。新國家還建立了有別於舊羅馬帝制不同的血親世襲制王朝，帝國的創立者 —— 君士坦丁大帝君士坦丁

一世將皇帝的位子傳給其子君士坦丁二世（337～340 年在位），並後傳四位血親皇帝，從而開始了拜占庭帝國王朝的歷史。同時，新帝國建立了由皇帝任免、對皇帝效忠並領取薪俸的中央和地方官僚機構，在拜占庭社會中，龐大的官僚階層由此形成，這個階層與羅馬帝國時期作為公民代表的官員存在著本質區別。有了官僚機構，當然少不了軍隊和法律，這些國家機構的建立直接服務於皇帝的統治。而皇帝成為軍隊最高統帥，同時還是立法者和最高法官。

拜占庭國家政治制度的劇變有其深刻的經濟背景。自「西元 3 世紀危機」以後，西羅馬帝國陷入經濟蕭條、人口銳減、城市破敗、商業凋敝的危機之中，衰亡之勢不可逆轉。與之相反，東羅馬帝國則有多種經濟形式並存，對危機具有較大的靈活性和適應能力。早期拜占庭農村存在的公社制、隸農制、自由小農制、家村組織形式的多樣性使農業經濟一直比較發達的東地中海沿海地區避開了類似西羅馬帝國那樣嚴重的農業危機，因而，也為早期拜占庭國家提供了相對穩定的經濟發展條件。早期拜占庭國家相對穩定的政治局勢，也使占有商業貿易地理優勢的拜占庭帝國，能夠繼承古代世界開創的東西方貿易傳統，發展起活躍的國際商業活動，以至君士坦丁堡成為「溝通東西方的金橋」（馬克思語）。顯然，330 年時，以君士坦丁堡為中心的東地中海經濟區已經形

成，它不再是西羅馬帝國經濟的附屬部分，而是一個具有獨立經濟系統的區域。不僅如此，其繁榮和發達的程度還遠遠超過羅馬帝國的西部。

經濟基礎和政治上層建築的變化必然造成拜占庭帝國在宗教和社會意識形態方面也發生了深刻的變化，這主要表現為基督教的迅速發展。基督教產生於 1 世紀的古羅馬，並廣泛流傳於東地中海沿岸地區，至 3 ～ 4 世紀時，它已經從被壓迫被剝削的下層人民的宗教逐步演化成為占統治地位的宗教，其早期的性質、社會基礎、教義、教會組織和教規禮儀也隨之發生了巨大且深刻的變化，日益成為羅馬帝國政府的統治工具。4 世紀上半葉君士坦丁一世頒布的《米蘭敕令》，和他親自主持召開的尼西亞會議，實際上是變相的宣布基督教獲得了國教的地位。基督教的發展與傳播，為普遍存在的對現實生活絕望的社會心理和頹廢思想提供了精神寄託，使意識形態的混亂局面得到調整，而剛剛建立的拜占庭帝國也慢慢趨於穩定。由於東羅馬帝國政治相對穩定、經濟相對繁榮，以希臘人和希臘化的其他民族為主體的拜占庭人，就開始有選擇性地吸收古代希臘羅馬文化、古代東方文化和基督教文化，積極發展具有獨立文化特徵的拜占庭文化。可以說，東地中海地區一直是古典文化的中心，也是拜占庭文化發展的溫床。

帝國歷史分期

自 330 年君士坦丁一世遷都「新羅馬」，開始東羅馬帝國時代到 1453 年君士坦丁堡被鄂圖曼土耳其軍隊攻陷，拜占庭歷史經歷了 1100 餘年。在此期間，拜占庭歷史發展大體可以劃分為 3 個歷史階段，即 330 ～ 610 年的早期拜占庭史，610 ～ 1056 年的中期拜占庭史和 1056 ～ 1453 年的晚期拜占庭史。

早期拜占庭國家經歷了由古代社會向中古社會的成功轉型。為了能夠在普遍的混亂和動盪中找到維持穩定的統治形式，拜占庭帝國皇帝進行多種嘗試，其中以君士坦丁一世和查士丁尼一世（527 ～ 565 年在位）的改革為突出的代表。查士丁尼一世以其畢生精力企圖重振羅馬帝國昔日的輝煌，力圖恢復古代羅馬帝國廣大的舊疆界，其努力註定要失敗，因為在舊社會的框架和制度中尋求建立新秩序的時代已經一去不復還了。565 年查士丁尼一世逝世後，拜占庭帝國陷入內憂外患的危機，政變不斷，外敵入侵，農田荒蕪，城市縮小，人口減少，特別是斯拉夫人、阿瓦爾人、波斯人、阿拉伯人、倫巴底人等周邊民族的四面圍攻進一步加劇了形勢的惡化。

610 年，希拉克略一世（610 ～ 641 年在位）登上拜占庭

帝國皇位的寶座，標誌拜占庭中期歷史的開始。在此期間，為加速帝國社會組織的軍事化，拜占庭進行了以軍區制度為中心的改革。這一制度適合當時形勢發展的需要，有力地緩解了危機形勢，為穩定局勢、加強國力提供了有力的保障。在帝國國力不斷增強的基礎上，拜占庭軍隊以巴爾幹半島和小亞細亞為基地，不斷對外擴張。到馬其頓王朝統治時期，拜占庭帝國勢力達到鼎盛，而瓦西里二世（976～1025年在位）發動的一系列成功的對外戰爭成為拜占庭國家強盛的代表。但事物是瞬息萬變的，曾經一度挽救拜占庭帝國危亡形勢的軍區制，在發展過程中暴露了一系列自身無法克服的矛盾，軍區制下發展起來的大土地貴族日益強大，在經濟和政治上都足以與帝國中央集權相對抗，而軍區制賴以存在的小農經濟基礎的瓦解，成為拜占庭帝國衰落的開端。馬其頓王朝統治的結束標誌拜占庭帝國中期歷史的終結，同時也是拜占庭衰亡史的開始。

　　晚期拜占庭歷史是帝國急劇衰落、直至滅亡的歷史。11世紀末，曾鼎盛一時的軍區制徹底瓦解，帝國經濟實力急劇下降，國庫空虛，以農兵為主體的小農經濟的瓦解使拜占庭不僅陷入經濟危機，而且兵源枯竭。以大地產為後盾的貴族、特別是軍事貴族參與朝政、角逐皇位，他們相互殘殺，引狼入室，致使君士坦丁堡於1204年失陷於十字軍騎

士之手。此後，拜占庭國土分裂，中央集權瓦解，領土不斷縮小，最終極盛一時的拜占庭到了淪為東地中海的小國的地步，而且還要在鄂圖曼土耳其、塞爾維亞和保加利亞等強國之間周旋、苟延殘喘。1453 年鄂圖曼帝國攻陷君士坦丁堡，末代皇帝君士坦丁十一世（1449～1453 年在位）陣亡，拜占庭帝國最終滅亡。

帝國外交藝術與貿易

拜占庭帝國疆域一直處於不斷的變化的狀態。早期拜占庭帝國疆域基本與原羅馬帝國的領土無異，到君士坦丁一世去世時（337 年），其領土包括多瑙河以南的巴爾幹半島、黑海及其沿岸地區、幼發拉底河以西的小亞細亞、敘利亞、巴勒斯坦、尼羅河第二瀑布以北的埃及、北非的馬格里布地區、西班牙、高盧和義大利。5 世紀初，拜占庭帝國的疆域並未發生改變，劃分為 119 個省。

查士丁尼一世繼承皇帝權力時，原西羅馬帝國的疆土幾乎全被日耳曼各小王國所占領，拜占庭帝國的領土僅包括巴爾幹半島、黑海南岸、小亞細亞、敘利亞、巴勒斯坦和埃及。查士丁尼一世致力於恢復羅馬帝國昔日的光榮，多次對

西地中海世界發動遠征，收回了帝國西部部分領土，重新控制義大利、北非馬格里布沿地中海地區、西班牙南部和直布羅陀海峽。到查士丁尼一世去世時（565 年），除高盧和西班牙北部地區外，拜占庭帝國基本重新占據了羅馬帝國的舊領土，地中海再次成為帝國的內海。

可是好景不長，被查士丁尼一世收復的昔日羅馬的領土一直在遭受外來的侵犯。6 世紀末，斯拉夫人和阿瓦爾人大舉侵入巴爾幹半島，波斯軍隊則進犯帝國亞洲領土，兵抵地中海東部沿海，倫巴底人的進攻也使拜占庭軍隊龜縮於拉溫那總督區。至 7 世紀中期，阿拉伯人更以兇猛的進攻奪取拜占庭帝國在亞拜占庭帝國疆域變化地圖洲和非洲的領土，從而導致帝國疆域發生巨大變化。8 世紀時，拜占庭帝國疆域僅包括以安納托力亞高原和幼發拉底河上游為東部界標的小亞細亞地區，和以馬其頓北部為邊界的巴爾幹半島，以及愛琴海及其海島。此後，這一邊界基本保持不變，上述領土構成拜占庭帝國版圖。

直至 9 世紀，隨著拜占庭帝國國力增強和實施對外擴張的政策，其疆域有所擴大。巴爾幹半島包括阿爾巴尼亞和伊庇魯斯、直到多瑙河南岸地區又重歸拜占庭帝國所有，義大利南部和西西里島也再次為拜占庭人所控制，帝國的海上勢力遠達塞普勒斯島和克里特島。10 ～ 11 世紀帝國再次發

動對外戰爭又取得了成功，其疆域又有所擴大，東部邊界推進到兩河流域中上游和美索不達米亞地區，南部直到敘利亞地區的凱撒利亞城。在此期間，帝國西部疆界基本沒發生變化。

　　第 4 次十字軍沉重打擊了拜占庭帝國，他們攻占拜占庭帝國首都君士坦丁堡開啟了拜占庭人丟城失地的歷史。在博斯普魯斯海峽東岸的尼西亞城流亡 57 年的拜占庭政府只控制小亞細亞的中部地區。1261 年拜占庭帕列奧羅格王朝重新入主君士坦丁堡後，其疆域僅剩京城附近地區，黑海南岸的特拉比松王國、伯羅奔尼撒半島南部的摩里亞地區和伊庇魯斯山區雖然承認拜占庭中央政府的宗主權，但實行獨立統治。拜占庭帝國的版圖最終「確立」，直到帝國最後滅亡。

帝國經濟與社會：日常生活的縮影

　　可以毫不誇張地說，拜占庭是一個民族眾多的洲際國家。早期拜占庭帝國的居民基本上是由原羅馬帝國東部地區各民族構成的。他們包括東地中海沿海地區各民族，即巴爾幹半島南部的希臘人，希臘化的埃及人、敘利亞人、約旦人、亞美尼亞人，以及小亞細亞地區的古老民族，如伊蘇里

亞人和卡帕多奇亞人等，還包括西地中海的西班牙人和義大利人等。雖然帝國的民族構成複雜，但是，希臘人和希臘化的各個民族是拜占庭帝國的主要民族，希臘人在政治和文化生活中居主要地位。這一時期，帝國的官方語言是拉丁語，民間語言則主要包括希臘語、敘利亞語、亞美尼亞語、科普特語等。到 6 世紀末，拉丁語幾乎已經完全讓位於希臘語，希臘語成為帝國的通用語言。

6～7 世紀，由於帝國的疆域範圍的變化，早期帝國經濟與社會：日常生活的縮影構成發生巨大變化。

首先，拜占庭帝國非洲的全部領土和亞洲的部分領土喪失於阿拉伯人，在這些領土上居住的民族隨之成為阿拉伯哈里發國家的臣民，例如埃及人和約旦人就是從這一時期開始伊斯蘭化的。此外，西班牙人也逐步擺脫了拜占庭帝國的控制。

其次，斯拉夫人大舉遷徙進入巴爾幹半島，並作為帝國的臣民定居在拜占庭帝國腹地，在與希臘民族融合的過程中逐漸成為拜占庭帝國的主要民族之一。這樣，中期拜占庭帝國的主要居民包括希臘人、小亞細亞地區各民族和斯拉夫人，他們使用的官方語言是希臘語和拉丁語。這裡要特別指出的是，作為帝國臣民的斯拉夫人與巴爾幹半島北部地區獨立的斯拉夫人有很大區別。前者與希臘人融合，成為現代希臘人的祖先之一，後者則獨立發展成為現代斯拉夫人的祖先；

前者使用希臘語為母語，而後者以斯拉夫語為母語。這種狀況在晚期拜占庭帝國沒有發生重大變化，12 世紀以後，拜占庭帝國的主要民族成分基本上與中期拜占庭的民族成分一樣，只是拉丁語不再為拜占庭人所使用，只有少數官員和高階知識分子偶爾使用拉丁語。

在拜占庭帝國，還存在著一些源於不同模式的民族，他們無論定居何處都不改變自己的生活方式和宗教信仰，其中以猶太民族為典型。另一些民族，如阿拉伯人和亞美尼亞人通婚融合的情況經常發生，從而產生了一些新的思想和習俗。自 11 世紀後，吉普賽人的數量也在不斷增加。總而言之，在 6 世紀中期以後，真正對帝國的歷史和文化等方面產生重大影響的還是希臘人及希臘化民眾形成的民族群體。

帝國衰落的序曲：
內外夾擊中的挑戰

帝國東西文化的交融

西元 330 年 5 月 11 日，君士坦丁大帝用 6 年時間建立的新首都 —— 君士坦丁堡（今伊斯坦堡）順利落成，它聳立在博斯普魯斯海峽旁邊，位於歐亞兩大洲交界處的古代拜占庭地域內。這是羅馬帝國徹底改變政策的最後階段，君士坦丁大帝力圖在東方尋找生路。當時最繁榮的省是敘利亞、巴勒斯坦和埃及。誕生於巴勒斯坦的基督教就在這裡發展起來，並使帝國獲得了新生。312 年君士坦丁給予基督教徒信教的自由，325 年他又強迫這些教徒在信仰上協調一致。他的目標不僅在宗教方面，而最終目的是首先必須保衛疆界，尤其是保衛受到哥德人和波斯人威脅的多瑙河和幼發拉底河的疆界。由此帝國採取了靈活的自衛政策，終於牽制住和同化了哥德人，或者把哥德人遣送到西方去，遠離帝國心臟。一部分元老院設立在博斯普魯斯海峽邊上的羅馬帝國，於 476 年終束了輝煌的歷史歷程。

一方面是東方的經濟繁榮養育了君士坦丁堡，另一方面帝國政治中的東移，使東方原具有的優勢有了更大的發展，其經濟文化的繁榮也很快為世人所矚目。君士坦丁堡很快就代替了舊都，成為亞歐大陸上最為繁榮昌盛的一顆璀璨的明珠。這座城市從一開始就信奉基督教，儘管 361 ～ 363 年尤

利安（Julian）試圖建立異教，但君士坦丁堡從 381 年起就庇護主教會議，451 年它的主教上升到教會權力的第二位。君士坦丁堡像從前的羅馬一樣，成為頭等重要的城市，稱為「Polis」（城邦）。直到 15 世紀，當土耳其人讓當地農民指路時，這些農民指著城牆和塔樓說「到城裡去」，一千年以來都是這樣，那座城就是君士坦丁堡。因此，這個被我們稱之為「拜占庭」的帝國，是羅馬帝國的延續，但它也從裡到外不同於羅馬帝國，這是一個希臘人和基督徒的東羅馬帝國。

帝國文化藝術：拜占庭的心靈風景

6 世紀初，帝國達到政局平衡和成熟期，以致查士丁尼為了把地中海重新變成拜占庭帝國的內海，不惜以高昂的代價同波斯人修好。帝國的兩位將軍貝利澤爾和納爾瑟斯相繼重新征服北非、義大利和西班牙南部。即使沒有獲得完全成功——因為高盧和五分之四的西班牙未被征服——查士丁尼還是用這種方式闡明瞭拜占庭政治思想的一個基本特點——世界性。

查士丁尼歷久不衰的作品——編纂法典——也證明瞭這種世界性。早在 5 世紀初，羅馬帝國皇帝狄奧多西二世就

已經讓人收集所有的現行法律。但狄奧多西法典很快就過時了，因為他把羅馬法最重要的部分 —— 判例放在一邊；而且狄奧多西二世及其後繼者在這部法典公布後，繼續制定法律。從 529 年起，查士丁尼交給特里波尼亞努斯一個任務，就是編纂一部新法典，但同時在《學說彙纂》中收集判例，提供一部教科書《法學階梯》給大學生們。534 年，全部工作完成了，其成果就是舉世矚目的法典《民法大全》，但它馬上就暴露出不足，其分門別類過於簡單，避免不了重複和矛盾。但更主要的缺點還在於這些律例如彙編是用拉丁文寫成的，拉丁文是行政管理用語即「官話」，但老百姓講希臘語。語言上的障礙，使得新領布的法律老百姓連字都看不懂，更別提好好地去遵守了，這樣的法律就失去了存在的意義。查士丁尼認識到了這一點，所以規定，今後的法律，一律要用希臘文寫成。

查士丁尼本身還體現了這個帝國的多樣性，以及它的偉大和矛盾。他生於伊利裡庫姆，自己講拉丁語，卻統治著一個講希臘語而且在東部地區講敘利亞語或科普特語的帝國。他在東方受到威脅，便重新征服西方，並且近乎愚蠢地忽略了保衛巴爾幹。他獨斷專行，差一點於 532 年向尼卡（Nika）起義投降，只是由於他的妻子狄奧多拉說「皇袍是美麗的屍布」，遂奮然而起，才成功鎮壓了起義。他作為正統貴族的代

言人，以異教不知悔改為由，關閉了雅典學院，並重建了聖索菲亞大教堂 —— 直到君士坦丁堡陷落，它一直是基督教最大的教堂 —— 但他娶了一個主張耶穌單性說的女人。也許正是他自身所體現出來的戲劇性的衝突和矛盾，註定了他所創造的羅馬大帝國的神話有如曇花一現的命運。

帝國災難

在查士丁尼生前，最早的斯拉夫人已經穿越了多瑙河。從 565 年起，倫巴底人湧向義大利，只給帝國留下最南邊的部分和拉溫納與羅馬之間一塊不安全的地區。接著，610 年左右波斯人占據了敘利亞、巴勒斯坦和埃及，將真正的十字架遺物擄掠而去。從 629 ～ 630 年起，赫拉克利烏斯重建了幼發拉底河的邊界，並在耶路撒冷重建十字架。就在 626 年，圍攻君士坦丁堡的阿瓦爾人差一點兒在城中會師。這個起源於土耳其和塔塔爾人的民族，將斯拉夫人組成人數眾多的團隊移師西方；不過斯拉夫人留在巴爾幹，並一直延伸到伯羅奔尼撒的尖端。

查士丁尼頒布法典事隔不久，623 年，阿拉伯人再次向拜占庭發起了進攻。阿拉伯人所到之處以披靡之勢前進，於

636 年在約旦附近摧毀了赫拉克利烏斯的軍隊，然後占領了敘利亞、巴勒斯坦和埃及。而後的 50 年，北非也成為他們的囊中之物。670 年左右，他們建立了一支咄咄逼人的艦隊，雖然拜占庭人掌握著制海權，他們嚴守一項軍事祕密 —— 用石油為基本原料製造的「希臘火」。總之，717 年 3 月 25 日，小亞細亞主要部隊的首腦（或統帥）伊蘇里亞人利奧奪取了王位，局勢萬分危急，阿拉伯人乘機從陸路和海路圍攻君士坦丁堡，因為至少在托魯斯邊境還有隙可乘。至於巴爾幹，帝國的勢力範圍只剩下它的愛琴海海岸上狹窄的一塊地方。

俗話說：瘦死的駱駝比馬大。由於上個世紀開始的政治重組，及步步為營保家衛國的戰士的品質，帝國終於頂住了阿拉伯人的入侵。從 8 世紀末起，帝國加速收復被斯拉夫人占領的特拉斯、沙爾西迪克、希臘中部和伯羅奔尼撒等領土。9 世紀中葉開始，阿拉伯人再不能越過托魯斯山。相反，拜占庭重新在北方向亞美尼亞的邊境發動征戰。

帝國復甦

隨著馬其頓王朝（867 ～ 1057 年）統治時期的到來，代表著拜占庭軍隊最頂盛時期的到來。重新征服構成羅馬帝

國的領土，對想成為世界性帝國的馬其頓王朝來說是至關重要的。拜占庭軍隊一有機會，便越過托魯斯山，奪取馬拉特亞、安提阿、埃德薩和耶路撒冷等4座歷史名城，是這一政策的象徵。馬拉特亞城位於幼發拉底河上游的右岸，從752年至931年它最終被合併到羅馬帝國，其間不斷地被奪取和再奪取。拜占庭人把主教所在地稱為安提阿，即「上帝之城」，對於信奉基督教的拜占庭帝國不能失去對這個城市的的控制，969年10月29日尼尼基弗魯斯二世‧福卡斯皇帝終於奪回了它。相反，975年，約翰‧齊米斯凱斯的軍隊不得不在離聖城耶路撒冷150公里處止步。最後，1032年，帝國收復了位於幼發拉底河河灣及以聖像聞名的埃德薩。收復以上4座名城後，拜占庭帝國並未從此停下爭戰的腳步，而是推進得更遠，朝高加索進軍，亞美尼亞逐步被蠶食，隨著1045年安尼（Ani）被攻占，亞美尼亞併入了羅馬帝國的版圖。

羅馬帝國自從961年尼尼基弗魯斯二世‧福卡斯皇帝重新征服了克里特島以後，主宰了東地中海，同樣也在西地中海取得霸權。在南義大利，它逐漸重新控制倫巴底公國，輕而易舉地遏制了日耳曼帝國的企圖，值得一提的是帝國又重新占領了具有重要戰略地位的巴爾幹全境。

「保加利亞屠夫」巴西爾二世

　　813 年，保加利與保加利亞人的鬥爭持續了兩個多世紀。亞大公克魯姆的軍隊摧毀了尼尼基弗魯斯二世‧福卡斯皇帝的軍隊，後者在首都的城牆下堅守不住而戰死。鮑里斯改信基督教，希臘的神職人員移居保加利亞，只不過這樣的和平只是短暫的。10 世紀末，西美昂的一個繼承者薩穆伊爾重新拿起了攻打拜占庭的武器 —— 當時拜占庭的強大達到鼎盛期。巴西爾二世進行了 16 年的浴血鬥爭，鞏固了在東方的地位，進而消滅保加利亞帝國，將它合併，並收復了多瑙河的邊界。1014 年 7 月，在克利迪昂的隱蔽地帶，保加利亞軍隊被徹底擊潰了，1‧5 萬人成了俘虜。巴西爾二世把這些俘虜的雙眼弄瞎，每 100 人中有一個只弄瞎一隻眼，以便把他其他 99 個全瞎的不幸的同伴帶回給薩穆伊爾。薩穆伊爾接受不了這一慘敗的打擊，於 1014 年 10 月 6 日去世。保加利亞帝國不久就被巴西爾二世吞併。勝者為王，敗者為寇，戰敗者的命運註定是不幸的，正如薩穆伊爾，而巴西爾二世做為勝者在他逝世時，留下一個金庫，擁有數以萬計的金幣。這種貨幣單位稱為「諾米斯瑪」，自君士坦丁統治時期以來一直很穩定，1204 年十字軍攻占君士坦丁堡，進一步加強他們的地位。在 14 世紀和 15 世紀，他們建造了大噸位戰船，

與劃槳快船相配合。作為貨幣標準，通用於波羅的海至紅海地帶。11 世紀中葉，馬其頓統治時期的帝國成為世界第一強國。

十字軍東征的轉折點

過去拜占庭帝國成功的因素已經消耗殆盡。拜占庭的商人開始被義大利人、威尼斯人和亞美尼亞人所取代。農民的小型土地所有權是徵稅和徵兵的基礎，但這種制度在過去兩個世紀中不斷衰退。自 1012 年起，經濟上崛起的西方國家，包括諾曼人，開始在拜占庭位於義大利的領土上定居。到了 1071 年，拜占庭在義大利的最後堡壘巴里（Bari）也落入諾曼人之手。自 1095 年起，西方世界發起了一場大規模的運動，派遣了眾多的十字軍前往耶路撒冷。最初，這些增援似乎是對抗自 11 世紀上半葉開始來自土耳其的威脅。土耳其人在 1055 年奪取了巴格達，在小亞細亞地區屢次發動突襲，對搖搖欲墜的帝國政權虎視眈眈。在 1071 年 8 月 19 日，一場關鍵戰役在亞美尼亞的曼齊凱爾特（Manzikert）爆發：部分拜占庭貴族背叛，帝國軍隊遭到全面擊敗，土耳其人隨即奪取了小亞細亞。阿列克塞·科穆寧（Alexios I Komnenos, 1081 ～

1118 年在位）為了重整軍力、收復失地，需要新的士兵。雖然十字軍初期似乎為他提供了所需的兵力，但他們很快就開始追求自己的利益，在 1098 年攻占安提阿後，竟拒絕將這座被稱作「上帝之城」的安提阿（Antioch）交還給皇帝。另一方面，十字軍作為對抗土耳其人的盾牌，使皇帝能夠重新征服小亞細亞的大部分地區。

羅馬帝國的最後倖存者

　　科穆寧的帝國（1081 ～ 1185 年）閃耀出無可比擬的光輝。十字軍的部隊中無論是君王還是普通騎士，都被金銀財富滿溢、生氣勃勃的城市弄得眼花繚亂。一時間，西方人共同湧向這個黃金城。先是威尼斯在 1082 年出錢獲得帝國艦隊的幫助，對抗諾曼人，在給了貢品以後，威尼斯商人得到了大大少於付出的利益，如被免除了商業稅，還得到超過拜占庭人多得多的優惠。其他義大利人紛紛效仿威尼斯人，例如比薩人。但帝國已是元氣大傷，再也恢復不了往日的強盛。相反，1176 年拜占庭軍隊再次被土耳其人打敗，—— 個世紀重建的努力毀於一旦。

　　於是帝國再也不能威嚇同盟者了。拉丁語居民在君士坦

丁堡與日俱增，引起了拜占庭人排外的反應。

　　1171 年，威尼斯人就這樣被逐出城外。他們逃脫了 1182 年 5 月西方商人遭遇的屠殺，不久又趁著科穆寧垮臺后帝國政權的不穩定，毫不猶豫地利用了第 4 次十字軍東征的大規模行動。1204 年 4 月 13 日，十字軍衝進這座人口最多的基督教城市，兇殘地進行大肆掠奪和屠殺。十字軍和威尼斯人瓜分帝國的勢力範圍，而拜占庭的合法政權則龜縮到了尼西亞一帶。

　　十字軍攻占君士坦丁堡羅馬的繼承者當然不會甘心就這樣壽終正寢，1261 年 8 月 15 日，米哈伊爾八世重建了帝國，但這只是迴光返照。從世紀初中斷的來自土耳其的壓力，這時又恢復了。土耳其人在 80 年內奪取了整個小亞細亞，一直擴張到愛琴海邊。他們在新王朝即鄂圖曼王朝的激勵下，於 1348 年越過達達尼爾海峽。正當苟延殘喘的帝國殘餘陷入到內戰時，鄂圖曼土耳其人在不到 50 年的時間內，以迅雷不及掩耳之勢奪取了巴爾幹。相反帝國卻逐漸萎縮到特拉凱和莫雷，僅在特雷布松還有一小塊延伸部分，而這只不過是一個延緩死亡的小公國，這時的帝國已經是名不符實了。但是，羅馬帝國的最後幾位倖存者卻堅持要實現大一統，驕傲地拒絕西部靠不住的援助條件。正是這樣，帝國像它的最後一位皇帝那樣，站著戰鬥而死，直到終結也沒有人改變自己的

信念。

鄂圖曼土耳其人的擴張

土耳其人最初居住在裡海和阿爾泰山脈之間廣闊的土耳其斯坦平原地帶，即我們古代所稱的突厥人。

西元 6 世紀時，土耳其人逐步強盛，曾於 568 年遣使至拜占庭帝國宮廷，協商聯合打擊波斯軍隊的計劃，拜占庭也因此派使節蔡馬赫斯回訪。

7 世紀時，土耳其人被分為東西兩個部分，由於受到中國唐朝軍隊的追擊，開始向西遷徙，我們所稱的阿瓦爾人、保加利亞人和卡扎爾人原本都屬於土耳其人的部落。

10 世紀時，土耳其人的一支塞爾柱突厥人發展迅速，建立了塞爾柱突厥人國家，並將勢力擴大到伊朗和俄羅斯草原，其西部邊界延伸至小亞細亞地區，開始與拜占庭帝國軍隊發生接觸。由於土耳其人慣於遊牧生活，精於騎射，因此，常常大批受僱於拜占庭軍隊。

至 12 世紀，塞爾柱突厥人的國家發生內戰，由此分裂成西亞地區的許多小國，其中最強大的丹尼什曼德王朝

（1085～1178年）占據和主宰拜占庭卡帕多奇亞地區和伊利斯河谷數十年，迫使拜占庭帝國承認他們對「被征服的羅馬人土地」的占有。

13世紀以後，在拜占庭人始終自稱為羅馬人的土地上形成了強大的魯姆蘇丹國，而鄂圖曼土耳其人就是從這裡發展起來的。

魯姆蘇丹國曾一度是拜占庭東部邊境的巨大威脅，但是，戰亂時代局勢總是那麼的瞬息萬變，蒙古人的西侵改變了小亞細亞地區的局勢。蒙古軍隊繼西元1258年攻占巴格達並滅亡阿拔斯王朝後，又橫掃敘利亞和美索不達米亞廣大地區，即使是比較強大的魯姆蘇丹國也不得不在善戰的蒙古人的鐵騎下被迫屈服。原魯姆蘇丹國的部落紛紛宣布獨立，出現了許多埃米爾國，其中龜茲部落的首領鄂圖曼也乘機於13世紀末宣布獨立，自稱蘇丹，建立了鄂圖曼土耳其國家，開始了鄂圖曼王朝數百年的統治。

為了實施向歐洲擴張的計劃，鄂圖曼土耳其人採取了3個步驟。

首先，烏爾罕蘇丹不斷派遣士兵越過海峽進入拜占庭，有時他們在色雷斯地區和君士坦丁堡城郊搶劫財物，有時則應拜占庭皇帝的邀請，幫助拜占庭軍隊作戰。總之，他要以

各種藉口呆在歐洲，擴大影響並等待時機完成征服計劃。當時，約翰六世也極需要土耳其人的驍勇善戰的才幹，為了滿足土耳其人，他花光了國庫的積蓄，甚至將莫斯科大公捐贈的用來修復聖索菲亞教堂的金錢也支付給了土耳其人。

其次，烏爾罕蘇丹利用拜占庭的困境，以幫助拜占庭為名進兵歐洲。他曾於西元 1348 年、西元 1350 年、西元 1352 年和西元 1356 年四次大規模增兵，其中最大的一次（1352 年）人數在兩萬左右，從而使色雷斯南部地區牢牢地控制在自己手中。每次派兵，烏爾罕蘇丹都是一舉兩得，一則他要求與拜占庭皇帝訂立協議，迫使後者提供金錢和承認對色雷斯部分城市的占領，二則又為他的軍事擴張披上了合法化的外衣。

最後，烏爾罕致力於建立進軍歐洲的軍事基地。以前，鄂圖曼土耳其人大多是經過達達尼爾海峽進入色雷斯南部地區，因此，位於海峽歐洲一側的加里伯利城就被確定為具有戰略意義的軍事基地。烏爾罕曾多次進攻此城，都因城池堅固而未果。因此，烏爾罕要順利達到目的，就必須攻下加里伯利城。

西元 1354 年，烏爾罕的機會終於來了，色雷斯南部地區發生強烈地震，當地居民紛紛逃離，鄂圖曼土耳其軍隊乘著大好時機占領整個地區，在地震廢墟上重新修建城牆和堡壘，並

在加里伯利城駐紮大批軍隊，囤積大量給養。從此，這裡就成為鄂圖曼帝國進軍歐洲最重要的戰略中心和軍事基地。

在鄂圖曼土耳其人發展的前半個世紀裡，其主要的征服活動集中在陸上，而後便開始發展海上勢力。巴耶塞特具有超過其父輩的野心和慾望，當然他也具有相當的遠見卓識。他清楚地認識到，要建立帝國必須滅亡拜占庭，而要攻占君士坦丁堡必須建立強大的海軍。因此，他下令網羅人才，建造艦船，訓練水師，組建大規模艦隊。以此為基礎，他命令海軍首先分割並清剿在愛琴海橫行了半個世紀的土耳其海盜，收編或征服了薩魯汗、奧穆爾和希德爾·貝伊等一大批土耳其海盜武裝，將許多海上的和沿海的海盜老巢變為鄂圖曼帝國的海軍基地和據點，從而控制了愛琴海地區。但是，精明的巴耶塞特注意不讓海軍主力分散，而是集中於具有戰略意義的博斯普魯斯海峽地區。在這裡，他沿著海岸建立多處海軍要塞，並將勢力發展到黑海南部水域。

可以說巴耶塞特為了自己遠大的目標，他處處小心，步步為營，為最後的決戰做好一切充分的準備。巴耶塞特在被征服土地上建立鄂圖曼帝國的統治機構，強迫被征服地區君主提供軍隊隨同作戰，大膽啟用外族軍事將領，積極準備進攻君士坦丁堡。有了強大的軍事力量作後盾，巴耶塞特為了在政治上造成既成事實，他以最高宗主的名義召集巴爾幹

半島各國君主會議，強令其臣屬國的君主，即拜占庭帝國皇帝、米斯特拉專制君主、法蘭克的阿塞亞侯爵和塞爾維亞君主到會。在會上，他還作為仲裁人判決拜占庭人和法蘭克人之間的爭端。

西元 1386 年，巴耶塞特在多淄河南岸的尼科堡戰役中擊潰由匈牙利國王希格蒙德（1387～1437 年）統率的由威尼斯、熱納亞、匈牙利、勃艮第公國、法、英、德、波蘭等國組成的十字軍，最終確立了鄂圖曼帝國不可動搖的國際地位，也為最後攻占君士坦丁堡作好了準備。

正當巴耶塞特躊躇滿志、雄心勃勃準備完成鄂圖曼帝國的偉大事業之際，一件意料不到的事件中斷了他的計劃，這就是帖木兒（1370～1405 年）率領的蒙古軍隊擊敗了巴耶塞特的鄂圖曼土耳其軍隊，給鼎盛時期的巴耶塞特當頭一棒。

帖木兒出身於蒙古貴族家庭，曾在察合臺汗國任高官，西元 1369 年，發動政變，自立為汗。西元 1380 年，他開始從事對外擴張，首先占領呼羅珊，而後滅亡伊兒汗國，吞併伊朗和阿富汗。西元 1390 年，征服金帳汗國。西元 1398 年，他征服印度後，揮師西進，進入兩河流域，次年攻陷大馬士革，旋即入侵敘利亞和小亞細亞地區，與鄂圖曼帝國軍隊發生衝突。西元 1401 年，帖木兒計劃進攻鄂圖曼帝國，為此，與拜占庭皇帝約翰七世（1425～1448 年）和熱納亞人訂立協

議，結成同盟共同攻打巴耶塞特。

西元 1402 年 7 月 2 日日，兩軍在安卡拉戰役中苦戰一天，巴耶塞特戰敗，與其子一起被俘。驕橫成性、不可一世的巴耶塞特不肯認輸，對帖木兒罵不絕口，遭致殺身之禍。樹倒猢猻散，訊息傳來，被土耳其軍隊征服的各個國家紛紛起義，脫離巴耶塞特的統治，鄂圖曼帝國迅即瓦解，拜占庭因此得到解救。

但是，這個事件只能救拜占庭一時而不能救其永遠，拜占庭的滅亡也成歷史必然，它只是推遲了拜占庭的滅亡日期。50 年後，拜占庭的末日終於來到了。

穆罕默德圍攻君士坦丁堡

安卡拉戰役之後，鄂圖曼土耳其人陷入長期內戰，巴耶塞特的後人為爭奪蘇丹權力進行殊死地廝殺。拜占庭皇帝乘機與占據鄂圖曼帝國歐洲領土的蘇丹蘇里曼在西元 1403 年訂立協議，將色雷斯、馬其頓、愛琴沿海、黑海南部諸港口和沿海峽地區重新收回，西元 1404 年又迫使蘇里曼稱臣納貢。此後，他以輪流支援鄂圖曼土耳其國內強大一方的辦法為拜占庭爭得了一些權利，並和巴耶塞特 6 個兒子中僅存的穆罕

默德（1413 ～ 1421 年在位）保持了持久的友好關係。值得注意的是，曼努爾二世不是透過推行清理政治時弊、大力發展經濟、加強軍隊建設、扶植商業貿易、整頓金融財政等一系列國內措施恢復拜占庭國家的實力，而是以支援鄂圖曼帝國內部鬥爭的方式著重恢復拜占庭原有的領土。因為，他在國內推行的任何一點改革都無一例外的遭到大官僚和大貴族的反對，他試行的任何新政措施都因中央和地方保守勢力的反對破壞而中止。這充分說明拜占庭社會內部矛盾已經發展到無法調和的程度，國家的衰落已經無法挽回，即使歷史給它提供了重新奮起自救的機遇，它也只能眼看著機會從身邊溜掉，「守株待兔」般地等待最後的末日。

西元 1421 年，穆拉德二世（1421 ～ 1451 年在位）繼承了蘇丹權力，他決心全面恢復強大的鄂圖曼帝國，重新奪回過去 20 年喪失的土地，並要重新征服宣布獨立的各國君主，其最終目的將是徹底征服拜占庭，奪取君士坦丁堡。他首先起用了一批最優秀的政治家和軍事將領，為他出謀劃策，東征西討，而後，利用基督教各國之間的矛盾和鬥爭，巧施外交手段，逐步恢復鄂圖曼帝國的元氣。

西元 1422 年 6 月，穆拉德二世發動了對君士坦丁堡的進攻，他選擇了三十多年前約翰五世迫於巴耶塞特蘇丹壓力，未能加固的那段城防薄弱點，強行攻城，動用了各種攻

城機械，竭盡全力，連續作戰兩個月有餘，但是，沒能往前進一步。君士坦丁堡畢竟是千年古城，歷代君主對它的修築使之極為堅固，如果沒有內應，僅以強攻占領它絕非易事。穆拉德二世是個善於檢討過失經驗的人，他從攻城失敗中認識到，要徹底征服拜占庭時機尚未成熟，還需要作大量的準備。於是，他像巴耶塞特蘇丹那樣，將君士坦丁堡放在一旁，集中精力在巴爾幹半島和小亞細亞地區征服反叛的臣屬國和埃米爾國家，清除帖木兒征服後留下的汗國屬地。西元 1451 年，攻打拜占庭的準備工作基本就緒，但穆拉德二世因病去世，他的兒子穆罕默德二世子承父業，力圖征服拜占庭。

　　穆罕默德二世（1451 ～ 1481 年在位）即位時雖然年僅 19 歲，但是，由於多年來跟著父親征戰南北，已經是具有多年統治經驗的政治家和軍事家。早在他 12 歲以前，就按照鄂圖曼帝國傳統擔任小亞細亞西部地區的省級地方官，12 歲以後做過將近兩年的鄂圖曼帝國蘇丹。他受過良好的宮廷教育，知識淵博，智慧超群，精通波斯、希臘、拉丁和阿拉伯等多種語言。早年從政的經歷使他對政治和外交駕馭自如，而他對軍事與戰爭更有深刻的研究和獨到的見解。穆罕默德即位後的首要任務就是征服拜占庭、奪取君士坦丁堡，完成巴耶塞特、穆薩、穆拉德二世等歷代鄂圖曼帝國蘇丹未竟之業。

外交上，穆罕默德首先孤立拜占庭，與所有有可能援助君士坦丁堡的勢力進行談判。1451 年，與威尼斯訂立協議，以不介入威尼斯和熱那亞戰爭為代價換取了威尼斯人的中立；同時，又與匈牙利國王訂立和平條約，以不在多瑙河上建立新要塞的承諾換取了匈牙利人的中立。

在軍事上，他在其父親的基礎上又進行了 3 項準備：

第一，組建了摩里亞軍團和阿爾巴尼亞軍團，前者用於在希臘方向上作戰略牽制，後者用於阻止馬其頓西部援軍。

第二，開始大規模軍火生產，特別是用於攻城作戰的軍事機械。他專門高薪聘請匈牙利火炮製作工匠烏爾班指導生產了當時世界上最大的巨型火炮，其口徑達 99 釐米，可發射 1200 磅重的石彈，是攻城最強有力的武器。

第三，在博斯普魯斯海峽最窄處建立魯米利‧希薩爾城堡和炮臺，配置強大的火炮，它與海峽對面的阿納多利‧希薩爾城堡隔水相望，能有效地封鎖並控制海峽。

面對穆罕默德二世有條不紊的備戰，守城的拜占庭皇帝君士坦丁十一世（1449 ～ 1453 年）沒有坐以待斃，他也在作最後的外交努力。他一方面向幾乎所有的歐洲國家和教廷派出使節，哀求基督教兄弟們看在上帝的份上立即出兵，解救君士坦丁堡；另一方面與摩里亞地區的希臘專制君主、他的

兄弟聯絡，希望他們停止內戰，增援危急中的首都。但是，雪中送炭，這一生活法則在國家政治之間也發揮得淋漓盡致。所有的歐洲國家君主除了表示同情和開具出兵援助的空頭支票以外，沒有及時作出任何具有實際意義的行動，既使個別君主派出的小股部隊對抵抗即將到來的攻擊也只是杯水車薪，無濟於事。摩里亞的皇室成員內爭正酣，彼此誓同水火，對君士坦丁十一世的呼籲根本不予理睬。至於特拉比松的希臘人，連類似西歐君主的同情表示都沒有，也許他們正幸災樂禍地等待帕列奧羅格王朝的滅亡，因為這個王朝一直是他們爭奪拜占庭最高權力的障礙。這樣，君士坦丁十一世處於既無內助又無外援的可悲境地。他可以用來抵抗土其人的防禦力量只有不足五千人，另外還有兩三千外國自願軍，其中熱那亞貴族喬萬尼·貴斯亭尼安尼率領的 700 人戰鬥隊最有戰鬥力。在海上，皇帝僅有 26 艘船，一字排開，防守在黃金角灣入口處的鐵鏈之後。這種情形正如一位當時的作家所寫的那樣：「這個民族衰弱之極，似乎一陣微風也能將它颳倒，它就要被敵人吞沒了。」

在雙方的勢力特殊的局勢下，戰爭如弦上的箭，不得不發。

頑強慘烈的君士坦丁堡保衛戰

　　儘管鄂圖曼帝國擁有兵力與武器、海上與陸上的絕對軍事優勢，但君士坦丁堡的頑強抵抗卻遠遠超出穆罕默德二世的預料。行將衰亡的拜占庭帝國在其向敵人拼死的、精彩的最後一擊中，充分迸發出千年輝煌文明的力量。然而，業已腐朽的古國畢竟大勢已去。

　　西元 1453 年 4 月 6 日是穆斯林的安息日，穆罕默德二世的繼承人穆罕默德放開大聲咆嘯，一場醞釀已久的戰鬥開始打響了。

　　攻城戰正式開始，鄂圖曼王朝的 50 多門炮一起開火，一時間爆炸聲震耳欲聾，爆炸的氣浪遮住人的眼睛。圍困在城中的人們，修女和貴族，燒飯丫頭和教士，街頭頑童和朝臣，大家一起修補斷垣殘壁的每一個新缺口。他們從 4 月底一直戰鬥到 5 月的第三個周，為自己的信仰而戰，為自己的世界而戰，為自己的生活方式而戰。飢餓、疲憊、疾病，他們知道無論再做什麼也拯救不了他們自己了。

　　君士坦丁沒有理睬朝臣們的懇求，他們動員他逃離首都。逃跑仍然是可能的，如果能逃到一個安全地帶，比如說伯羅奔尼撒的某個地方，有一天他還有可能從土耳其人手中

收復陷落的帝國。但是君士坦丁不存任何幻想，拒絕離開。首都的命運，帝國的命運，就是他自己的命運。當穆罕默德的信使向他提出投降條件，以保住城市和人民的生命安全時，皇帝君士坦丁搖了搖頭，把信使打發走了。拜占庭皇帝最後的搏殺十分悲壯，值得我們稍作詳細敘述：

在 5 月 28 日凌晨時分，空氣中似乎傳來一種預感。土耳其軍隊在陸地城牆外的營帳內休息，他們在積聚力量做最後的攻擊。雙方的每一個人都清楚總攻會在黎明到來前趁著天黑展開。城內管理者們在分發武器，教士們拿著聖像圍著城牆來回轉圈。聲勢浩大的遊行隊伍擠滿大街，他們高唱：「上帝保佑我們。」皇帝最後一次對他的人民講話，他說：「敵人靠槍炮、騎兵、步兵的支援，數量上占絕對優勢。我們依靠的是上帝和救世主，還有我們的雙手和上帝賦予我們的力量。」

君士坦丁來到宮殿，在那裡，陸地城牆與黃金角灣相接。君士坦丁對大夥為他付出的努力表示感謝。君臣之禮徹底崩裂了，大家都不避諱這一事實。君士坦丁說，國難當頭，心緒煩亂，若有任何冒犯和不禮貌，還請大家原諒。然後他向大家一一告別，走向城牆，與他的人民共同面對土耳其人的進攻。

果不其然，5 月 29 日，土耳其軍隊又開始了一次新的攻

城戰，但這一次與前幾次不同，他們在大隊士兵之前由一位士兵帶領著一批扛著許多蜜蜂箱的養蜂人。

土耳其部隊很快到達了君士坦丁堡城下，這些養蜂人立即把蜂箱扔上城頭。霎時間，成千上萬只蜜蜂從摔開的蜂箱中鋪天蓋地飛出來，遇人便蜇，把守城的軍民蜇得睜不開眼，一個個哇哇直叫，亂成 —— 團，頃刻間便失去了守城的能力。土耳其軍隊一鼓作氣發起猛攻，兩個小時後就完全占領了君士坦丁堡。就這樣，在城被圍困 50 天之後，曾打退科斯洛埃斯和多位哈里發的進攻的君士坦丁堡，終於不可挽回地被穆罕默德的武力征服了。至此，有著 —— 千多年歷史的拜占庭帝國壽終正寢了。

失落的文明

每當一座大城市陷落和遭到洗劫的時候，歷史學家註定只能重複一些人云亦云的大災難的情景。同樣的情緒必然產生同樣的結果，而當這類情緒不加控制地任其發展時，那文明人與野蠻人之間便沒有什麼差別了。在一片含糊的偏執和憎恨的喊叫聲中，那些土耳其人並沒有受到對基督教徒濫加殺害的指責，但根據他們的古老的格言，戰敗者都不能保全

性命；而戰勝者的合法報酬則來之於他們的男女俘虜的勞役、賣出的價款和贖金。君士坦丁堡的財富全被蘇丹賞給了他的獲勝的軍隊，一個小時的搶劫比幾年的辛苦勞動所得多得多。

在西元 1453 年 5 月 29 日這一天中，只用了幾個小時，這座城市的財富就被用車子運走，贓物被瓜分，抓獲的俘虜被任意凌辱。4 千拜占庭人被殺，5 萬人被俘。這座城市終於沉寂了下來。

君士坦丁沒有親眼目睹他的帝國最後的滅亡，他在保衛城牆時身亡，躺在屍體堆裡。儘管蘇丹命令搜遍全城，一定要找到君士坦丁的屍體，但搜尋最終沒有結果。皇帝的最後安息地一直沒人知道。但是他的死證實了一個古老的拜占庭預言，那就是帝國的開國皇帝是君士坦丁，帝國滅亡時在位的也是一位叫君士坦丁的皇帝。

6 月 18 日凱旋的蘇丹返回阿德里安堡，對那些基督教皇帝振來的卑賤的、無用的使臣面含微笑，似乎他們從東部帝國的陷落中，已看到了自己即將滅亡的命運。

千年軍事強國

拜占庭的軍區制

拜占庭軍區制又稱塞姆制，是 7 至 12 世紀在拜占庭帝國境內推行的一種軍事和行政制度，即按軍區、師、團、營等軍隊序列管理帝國各級行政區域。這種軍政相容、兵農合一的制度促進了拜占庭農兵階層的形成和發展，對加強拜占庭國防力量，穩定社會經濟均發揮極為重要的作用。

拜占庭軍區制的發展大體經歷了試行和推行兩個階段。7世紀中期以前，軍區制還僅在拜占庭個別地區試行，此後便在整個帝國境內推行。

軍區制是由 6 世紀末拜占庭的「總督區」演變而來。當時，帝國大部分地區推行省區管理，僅有迦太基和拉溫那兩城由總督統轄。這兩個總督區是拜占庭中央政府控制西地中海霸權的立足點和重要的貿易港口。

早在 4 世紀，迦太基即發展成為僅決於羅馬的西地中海第二大城市。西元 533 年，拜占庭軍隊重新控制該城以後，它更一躍成為非洲大政區的首府和當地穀物出口的集散地。而位於義大利中部的拉溫那在 4、5 世紀日耳曼各部族入侵西羅馬帝國的戰亂中逐步取代羅馬和米蘭的地位，成為義大利首府和拜占庭帝國在義大利的前哨站。西元 540 年，拜占庭

軍隊重新控制拉溫那之後，更確定了該城在西地中海的重要地位。由於兩城重要的政治經濟地位和特殊的地理位置，它們都於 6 世紀中期被確定為總督區。其管理上的特徵是軍政權力合一，由總督區首腦「總督」控制。這種體制有別於查士丁尼一世統治時期拜占庭地方軍政權力分離的省區管理。

總督區之所以能夠發展成為軍區，並在拜占庭全境廣泛推行，其原因在於當時拜占庭帝國面臨周邊民族軍事入侵的巨大威脅、邊關吃緊等各種不利形勢。皇帝查士丁尼一世統治時期，拜占庭邊疆地區，特別是東部邊境便遭到外族不斷入侵。查士丁尼一世死後，局勢進一步惡化。當時，波斯軍隊從東面侵入拜占庭帝國的亞洲屬地，先後奪取了敘利亞、大馬士革、耶路撒冷等重鎮，兵抵博斯普魯斯海峽。同時，阿瓦爾人和斯拉夫部落從北面大舉南下，侵入帝國腹地。西哥德人則在西面奪取了拜占庭帝國的西班牙屬地，倫巴德人也迫使拜占庭人在義大利的勢力僅限於拉溫那城內。

7 世紀中期，隨著阿拉伯人的興起和擴張，拜占庭帝國的東部局勢更加緊張，四面告急，戰事不絕，朝野上下惶惶不可終日。在當時的情形下，人們以為「世界末日來臨了」。

正是在這緊急情況下，皇帝伊拉克略一世（610 ～ 641年在位）開始逐步建立軍區。最先建立的軍區有亞洲領土上的亞美尼亞和奧普西金軍區，其後，基維萊奧冬、安納托力

亞、色雷斯等軍區也分別建立。上述幾個亞洲軍區在反擊波斯人入侵的戰爭中發揮了重要作用，成為皇帝伊拉克略一世屯兵東征、最終擊敗波斯人的基地。

自 7 世紀中期，軍區制在帝國境內逐步推行。至 8 世紀中期，拜占庭大部分國土均被置於軍區制管理之下，全國共建立六大軍區，即除了上述五個軍區外，還有位於巴爾幹半島的希臘軍區。此後不久，又逐步組建起海上軍區，用以管轄愛琴海上大小島嶼。

✦ 拜占庭的騎兵極具威力

拜占庭軍區制的推行不是一帆風順的，也不僅僅是透過皇帝的一道命令完成的，它是經歷了摸索和試行的過程。軍區制在行政管理和軍事指揮方面的優勢並不是從一開始就為統治集團所認識。當時，拜占庭帝國受到來自各方面的壓力，原駐守北非、兩河流域、巴爾幹半島北部地區和義大利的軍隊紛紛撤向帝國腹地。這就促使帝國必然對其京城附近地區的駐軍和防務重新進行部署，軍區制的推行由此孕育而生。

同時，7 世紀前半期的邊疆危機和拜占庭帝國在北非、西亞和巴爾幹部分領土的喪失，也使拜占庭帝國原有的社會經濟結構發生重大變化，不僅作為國家稅收和兵力主要來源

的小農大量破產，小農經濟全面衰退，而且作為國家統治階級基礎的貴族及其大地產也遭到毀滅性打擊。

因此，軍區制的推行同時還意味著拜占庭社會經濟結構的重新調整。在此過程中，拜占庭王朝採取了三項重要步驟，最終確立了軍區制，也完成了社會經濟的調整。

第一，各地區分別建立新軍區。

第二，建立軍區內部組織系統，理順軍事等級關係。

第三，以田代餉，建立軍役地產，進而形成農兵。這一步驟是軍區制最終形成的關鍵，因為軍役土地製造就了一個農兵階層，他們成為軍區制的基礎。

軍區制的推行使拜占庭帝國以巴爾幹半島為中心的疆域逐步穩定，國力有所恢復，不僅在對波斯人的戰爭中取得了決定性勝利，而且迫使已經進入巴爾幹半島的斯拉夫人臣服，成為拜占庭帝國的臣民。同時，拜占庭人憑藉逐步恢復的經濟實力和外交活動，實現了與阿瓦爾人等其他民族之間的和平。以此為起點，拜占庭帝國在其中期歷史中獲得多次重要的軍事勝利。

拜占庭軍區制從其出現到瓦解共經歷了大約 500 年的時間。在此期間，軍區制對拜占庭歷史發展起了非常重要的作用。

　　第一，軍區制適應拜占庭帝國對外戰爭頻繁、邊防危機日益嚴重的形勢的國情，透過地方統治機構軍事化，部分地解決了兵源和財源枯竭的困難，緩和了外族入侵的危機，為拜占庭軍事力量的復興創造了條件。

　　7世紀，拜占庭軍隊擊敗波斯人，打垮阿瓦爾人，征服斯拉夫人，並將處於極盛時期的阿拉伯大軍擴張的勢頭阻止在小亞細亞和東地中海一線，使危如累卵的形勢發生根本好轉。這一系列軍事上的成就不能不歸功於軍區制的推行。不僅如此，以7世紀的勝利為基礎，拜占庭軍事力量得到調整和加強，因而，8、9世紀期間在對阿拉伯人的戰爭中獲得多次重要勝利。同時，拜占庭軍隊在防禦斯拉夫人入侵和征服保加利亞人的長期戰爭中也屢屢獲勝，並最終擊垮稱雄一時的保加利亞王國。

　　第二，軍區制的推行促使小農經濟勃興，國家稅收增加，有力地增強了國家的經濟實力，同時，軍區制帶來的安定局面又為以君士坦丁堡和其他城市為中心的工商業的繁榮發達創造了有利的內外部環境。

　　小農經濟是拜占庭國家的基礎經濟部門和稅收主要來源，學者們估計，拜占庭國家收入的95%來自農業，僅5%來自城市工商業。縱觀拜占庭歷史，國家年收入的數量時有起伏，但以軍區制推廣的幾百年為收入最高的時期。在拜占

庭歷史的早期，稅收是以戴克里先和君士坦丁改革為基礎的，主要包括土地稅和人頭稅。這兩種稅收直到拜占庭帝國末期仍沒有發生根本性的變化，只是徵收的形式有所變化。作為國家主要納稅人的小農除定期繳納土地稅和人頭稅外，還負擔各種不定期徵收的非常規稅。軍區制促進了小農生產率的提高，使他們有能力完成苛捐雜稅。在年景不利的時候，連保制也能幫助經營不善的農民渡過難關。軍區制的推行使拜占庭帝國在較小的領土上獲得了較多的收入，這從另一個側面說明軍區制對拜占庭農業經濟產生了有利影響。

　　軍區制的推行對拜占庭工商業發展也起了間接的促進作用。一方面，小農經濟的復興為工商業的發展創造了物質基礎。拜占庭農村與帝國境內大小城鎮均保持密切聯絡，小農經濟不僅從城鎮市場上獲得必需的手工業品，而且為城市手工業者提供農副產品。小農經濟的復興意味著城鄉間更頻繁的物資交流，同時也意味著工商業獲得了更大的國內市場。另一方面，軍區制下相對安定的環境有助於工商業的發展。拜占庭工商業在 8 世紀以後趨於繁榮，城市發展更加迅速，君士坦丁堡、塞薩洛尼基、特拉比松等城市都名列中世紀歐洲最大城市之列。特別是首都君士坦丁堡，由於其工商業投資環境得到改善，這座連線東西方貿易的橋梁充分發揮出它的地理優勢，成為地中海世界最大的商業中心。一時間，君

士坦丁堡百業俱興，商賈雲集。到 9、10 世紀，商業活動處於鼎盛。

第三，軍區制透過推行軍役土地制和屯田穩定了拜占庭社會各階層，使人口流動中的無組織狀態得到控制，緩和了尖銳的社會矛盾。

查士丁尼時代，拜占庭政府便採取措施限制人口流動，以穩定社會各階層。《查士丁尼法典》嚴格規定軍人的後代只能當兵，農民的子孫必須從耕，並以削奪隸農遷徙自由的方式將他們固著於土地。但是，這一政策並未奏效，破產的小農大量逃亡，或湧入城市尋求生路，或避走山林結草為寇，或鋌而走險聚眾起義，社會矛盾空前激化。當時規模最大，幾乎推翻查士丁尼一世統治的「尼卡」起義的主要力量就是以來自各地的破產農民。類似的大規模起義和暴動在當時史不絕書。軍區制則透過軍事和經濟制度的改革，使農民有地可種，有家可歸，在安定的環境中從事生產。這一制度從解決小農生計和加強地方管理入手，重新調整了拜占庭社會各階層的關係。

如果 6 世紀中期以後，斯拉夫人各部落從多瑙河一線南下巴爾幹半島也被視為一種盲目的人口流動的話，那麼，拜占庭政府採取的移民政策便是將這種無組織的人口流動重新組織于軍區中，並透過保留和推行斯拉夫人的農村公社制，

因勢利導地化解了由斯拉夫人大規模流動引起的社會問題。

值得一提的是，軍區制不是以嚴酷的立法實現社會各階層和居民職業的固定化，而是透過制度的創新改革，著重解決占人口大多數的小農的生存環境問題，從而為社會穩定創造了有利條件。

第四，軍區制的推行必然會造成以大地產為後盾的軍事貴族的興起，他們形成了與中央集權抗衡的地方分裂勢力，甚至憑藉軍事和經濟實力左右朝政或改朝換代。這是軍區制對拜占庭政治生活產生的消極影響。如前所述，大地主對小農土地的侵吞是小農經濟衰敗的重要因素，但是，小農經濟的破產同時也刺激了大地主的發展。這種互為因果的關係在 10 世紀的拜占庭政治生活中表現得淋漓盡致。當時，一些皇帝認識到保護小農對於維持統治的重要意義，因此採取立法措施限制大地主的擴張。他們往往以小農保護者的形象出現，斥責大地主「像瘟疫和壞疽一樣降臨到不幸的村莊，吞食土地，侵入村莊的肌體，將它們逼近死亡的邊緣」。但由於其階級局限性，統治者不可能會由衷地為了農民的利益疾呼，他只是為了維護自己的統治，這一矛盾不可能得到徹底的解決。

西元 922 年的法令明確規定，小農及其所在公社享有優先購買、租用田產和農舍的權利，嚴禁大地主以任何方式，

包括遺贈、捐贈、購買和承租等，接受貧困小農的田產；還規定，過去 30 年期間以任何方式得自於農兵之手的軍役土地必須無條件歸還其原來的主人。

西元 996 年，拜占庭政府再次頒布類似的法令。從表面看來，是為了保護小農經濟，實際上，這些法令具有瓦解地方分裂勢力，加強中央集權的政治意義。然而，拜占庭統治者未能真正採取措施打擊大地主，一方面，皇帝們要借重大軍事貴族的政治勢力，維護其統治；另一方面，打擊大軍事貴族意味著削弱軍區制，小農經濟也難儲存。特別是在大地產貴族勢力已經相當強大的情況下，對他們的真正打擊就等於取消軍區制，以農兵為主的小農亦將走向同歸於盡的道路。

因此，上述立法並未真正貫徹，而皇帝們對小農經濟的瓦解也是不可阻擋。他們對小農處境的惡化聽之任之，只是釋出幾項立法而已，並沒什麼切實可行的辦法。這樣，小農的地位未能加強，他們在各種災變動亂的打擊下，處於隨時被吞併的境地，即便法令暫時為他們提供種種優先權，這些似乎都形同虛設，最後他們也只能將土地自動放棄或轉讓給大地主。

大軍事貴族憑藉經濟實力擁兵自重，直接參與皇室內訌，有的甚至爬上皇帝寶座。自 10 世紀末，軍事貴族便形成

強大的政治勢力，與中央政府的官僚勢力爭權奪利，明爭暗鬥。這兩大政治勢力之間的較量就構成了拜占庭帝國晚期國家政治生活的主線。10 世紀末，羽翼已豐的軍事貴族就以小亞細亞軍區為基地發動叛亂，其中又以巴西爾二世統治時期的「兩瓦爾扎斯叛亂」影響最大。

11 世紀期間，軍事貴族的叛亂愈演愈烈，他們不僅兵臨首都城下，而且推翻當朝皇帝，自立為帝。在這一時期，至少有五位皇帝是以譁變的方式爬上皇位的軍事貴族。

拜占庭帝國末代王朝統治時期，最有實力的軍事貴族約翰・坎塔庫澤努斯（1347 ～ 1354 年在位）左右朝政數十年，他曾以其雄厚的家資幫助安德羅尼庫斯三世（1328 ～ 1341 年在位）在王朝內戰中擊敗老皇帝，登上帝位。

安德羅尼庫斯三世死後，他重金僱用土耳其人，擊敗對手，自立為皇帝。

顯然，以大地產為基礎的軍事貴族對中央集權的削弱是晚期拜占庭帝國內亂不斷、最終滅亡的另一個重要因素。

綜上所述，軍區制是拜占庭帝國經歷其早期歷史中長期動盪，軍事和政治經濟管理制度演化的結果，是拜占庭統治階級透過種種嘗試而漸臻成熟的成功改革。軍區制適合當時帝國的形勢發展，緩解了緊迫的危機，成為此後數百年拜占

庭強盛的基礎。

　　軍區制給拜占庭帶來一系列社會穩定發展的顯著效果，所以很快便成為推行於全國的管理方式。但是，軍區制的發展也有助於以大地產為後盾的軍事貴族的產生，這種侵蝕小農經濟、與中央集權相對抗的武裝割據勢力的興起是推行軍區制的必然副產品。因此，軍區制從其形成之初自身就孕育著深刻的矛盾。

　　拜占庭統治者要透過推行軍區制有效地應付外敵人侵，決定了他必須依靠和重用軍事貴族，這就為軍事貴族勢力的壯大提供了有利條件。同時，隨著軍區制的演化和軍事貴族的發展，小農土地必遭吞併，小農經濟必然趨於衰敗，反過來又會瓦解軍區制存在的經濟基礎。

　　拜占庭統治階級越是企圖透過相對自主的地方管理有效地保證中央集權統治，就越是不可避免地產生擴大地方權力、削弱中央集權和瓦解小農經濟基礎的後果。拜占庭統治者無法克服中央集權和地方分裂、大地產和小地產、大地主和以農兵為主的小農之間的矛盾。

　　換言之，軍區制發展的同時，自身毀滅的條件也在同時形成。正是由於這些不可調和的矛盾的演化，才使軍區制這種適合拜占庭帝國統治需要的制度歸於衰敗，進而也促成了

拜占庭國家的滅亡。但軍區制畢竟是賦予拜占庭帝國新活力的大膽改革，其深遠的歷史意義是不容抹煞的。

兩敗俱傷的羅馬與波斯之戰

我們這裡所說的波斯之戰是指薩珊波斯同羅馬帝國為爭奪東西方商路和小亞細亞霸權而進行的長達 400 年的征戰。這場曠日持久的戰爭幾乎同薩珊波斯共始終，它是古代西方勢力同東方勢力千餘年衝突的一個縮影，也是西方文明同東方文明之間的較量的一個縮影。連年的爭戰，對於戰爭雙方都是災難性的毀滅。戰爭的結果使拜占庭帝國日趨衰落，薩珊波斯也遭到沉痛打擊，不久便在阿拉伯帝國的鐵蹄下滅亡。

早在奴隸社會時期，隨著古希臘文明和兩河流域文明的發展和帝國的出現，以希臘為代表的西方文明和以西亞波斯為代表的亞洲東方文明之間便展開了殊死較量和爭鬥。由於西亞乃歐亞交界地帶，戰略地位十分重要，因此在這裡發生的爭鬥格外激烈，他們各自為自己的利益而戰，更為自己的信仰而戰。

西元前 514 年，波斯皇帝大流士一世率大軍橫渡博斯普

魯斯海峽，第一次踏上歐洲土地。他命令 600 艘戰艦沿黑海西岸配合，水陸並進直抵多瑙河口。雖然在剿滅遊牧民族斯基太人的草原戰爭中無功而返，可取得了把國境推進到歐洲的赫勒斯滂海峽和色雷斯地區的戰果，不僅控制了有雅典生命線之稱的黑海通道，而且從海陸兩面構成對雅典夾擊之勢。於是西元前 500 年，爆發了著名的「希波戰爭」。

希波戰爭斷斷續續進行了長達半個世紀之久，波斯在千古揚名的「馬拉松戰役」中鋒芒受挫，後在著名的「溫泉關戰役」中令希臘全軍覆沒，但這次戰爭終以希臘的勝利而告終。

希波戰爭的結果對世界歷史的發展產生了深遠影響：在西亞北非地中海東岸發展的古代東方文明至波斯時期漸趨合一，若波斯西進成功，則地中海將成為單一的古代文明區，剛露曙光的希臘文明則有可能被扼殺在搖籃之中；希臘的勝利形成希波對峙之勢，也可以說是東西方文明的對峙之勢。希臘文明得以傳入羅馬再擴及歐洲，形成西方文明。波斯則經安息、薩珊和伊斯蘭文明等形成東方文明。

正當波斯帝國日漸衰落時，希臘出現了胸懷滅波斯、建三洲帝國之志的亞歷山大國王，一場宿敵之間的戰爭又不可避免的要爆發了。

西元前 334 年，年僅 22 歲的亞歷山大率精銳之師渡過赫

勒斯滂海峽，剛踏上亞洲土地便大敗波斯大軍。經伊蘇斯、高加米拉大會戰，終於在西元前 330 年消滅了波斯帝國。新帝國的建立，並沒間斷與羅馬的爭鬥，與此同時，西元前 247 年建立的安息王國迅速崛起，到西元前 1 世紀時已成為可以同羅馬帝國抗衡的西亞帝國。

西元 224 年，波斯貴族阿爾達希爾滅安息王國，建立薩珊新波斯帝國。薩珊波斯繼承了安息與羅馬抗衡的傳統，在亞美尼亞、小亞、敘利亞邊境與羅馬展開針鋒相對的鬥爭。

西元 231 年，阿爾達希爾一世致書羅馬皇帝塞維魯，要求羅馬勢力退出亞洲，對於波斯帝國的挑釁羅馬皇帝當然不會坐視不理，戰爭的導火索一點即燃，長達 400 年的羅馬波斯戰爭爆發了。

西元 232 年，薩珊波斯同羅馬交鋒，打敗羅馬軍隊，並透過和約獲得亞美尼亞。西元 260 年，薩波爾一世同羅馬帝國軍隊交戰，大敗羅馬軍，並俘虜羅馬帝國皇帝哈德良。至今在帕賽波利斯附近仍留存著紀念這次勝利的摩崖石刻，它以巨幅浮雕表現哈德良跪著為薩波爾一世騎馬上鞍墊鞋的情景。這次戰爭後，波斯帝國一度占有小亞東北部的卡帕多奇亞。歷史總是不斷地在重複，薩珊與羅馬之爭一如安息王國時期呈拉鋸之勢，羅馬帝國皇帝戴克里先、君士坦丁等都曾率軍遠征波斯，但未取得顯著戰果。

西元 286 年，羅馬煽動亞美尼亞起事，薩珊被迫撤退，以後又喪失底格里斯河以西之地。

西元 375 年以後，羅馬帝國忙於應付哥德人等日耳曼蠻族的入侵而無暇東顧，波斯也因抵禦匈奴人的侵擾無力繼續向羅馬挑戰。戰事有所緩和，但並不意味著兩大帝國爭戰由此結束。

西元 476 年，羅馬帝國為蠻族所滅，東羅馬帝國以君士坦丁堡為都城，繼續占有巴爾幹半島、小亞細亞、亞美尼亞、敘利亞、巴勒斯坦、上美索不達米亞、埃及、利比亞等地區，成為一個橫跨三大洲的大帝國。

西元 487 年，薩珊波斯的凱庫巴德一世上臺執政，他好大喜功，夢想再現其遠祖的輝煌。他指揮由波斯人、匈奴人和阿拉伯人組成的聯軍從拜占庭帝國手中奪走了上美索不達米亞和亞美尼亞。

西元 502 年，聯軍又圍攻阿米達城，經過 80 天的激烈戰鬥，攻陷該城，後又連續擊敗拜占庭軍隊的反擊。

西元 505 年，雙方講和，拜占庭以 1000 磅黃金為代價復得阿米達城，雙方維持原有邊界，處於和平狀態 20 年。

西元 527 年，拜占庭皇帝查士丁尼一世去世，其外甥查士丁尼繼位，即有名的查士丁尼一世。為恢復昔日羅馬帝國

的版圖，他勵精圖治，對內大力推行改革，加強中央集權，對外積極向東、西兩個方向舉兵擴張。他向東方的徵討重開了羅馬波斯戰爭。在以後的一百多年內，拜占庭與薩珊波斯之間先後進行了五次大規模的爭霸戰爭。

第一次戰爭：西元 528 ～ 531 年。西元 527 年，剛剛繼位的查士丁尼一世就任命 22 歲的貝利撒留為東征大元帥。西元 528 年，波斯先發制人，命大將納爾塞斯率 3 萬大軍向拜占庭軍發動猛烈進攻，在西元 529 年的尼亞比斯首次戰役中大敗貝利撒留，並直撲美索不達米亞平原上的戰略重鎮德拉城。530 年的德拉城戰役，波斯大軍全軍潰敗，後來從敘利亞沙漠方向發動的多次進攻也在貝利撒留的巧妙反擊下失敗。西元 531 年，雙方在卡爾基斯會戰，波斯打退了貝利撒留的進攻。西元 532 年雙方講和，拜占庭撤回德拉城駐軍，向波斯支付 1000 磅黃金。

第二次戰爭：西元 540 ～ 545 年。西元 540 年，凱霍斯魯一世率大軍從首都泰西封出發，對拜占庭的幼發拉底防線發動突然襲擊，先後攻下希拉波利斯、卡爾基斯，直搗敘利亞首都安條克。經過激烈戰鬥，波斯攻下該城，並大肆燒殺搶掠。西元 543 年，乘拜占庭內訌之機，凱霍斯魯一世進占亞美尼亞，全殲了前來進攻的 3 萬拜占庭大軍。西元 544 年，凱霍斯魯再次親征上美索不達米亞，圍攻首府尼德撒城數月

之久，但未果而撤。西元 545 年，雙方締結 5 年停戰協定，拜占庭收復波斯占領的全部領土，支付贖金 2000 磅黃金。

第三次戰爭：西元 547 ～ 562 年。西元 547 年，凱霍斯魯一世率 8 萬大軍進占科爾基斯王國，並攻陷拜軍的佩特拉要塞。西元 549 年，查士丁尼一世應科爾基斯人的邀請，派大軍進攻佩特拉要塞。

經過 3 年斷斷續續的攻戰，拜占庭軍隊奪回佩特拉要塞，波斯軍傷亡慘重。此戰之後，雙方在高加索山麓又進行了 6 年的拉鋸戰。拜占庭先贏後輸，波斯軍隊連續獲勝。西元 555 年，法息斯河口拜占庭軍隊背水一戰，向輕敵冒進的波斯軍隊發起反攻，消滅敵軍 1 萬餘人，大獲全勝。西元 562 年雙方再次媾和，波斯放棄對科爾基斯的領土要求，拜占庭每年向波斯支付黃金 1‧8 萬磅，有效期 50 年。

第四次戰爭：西元 571 ～ 591 年。西元 571 年，查士丁尼二世停止向波斯支付年金，凱霍斯魯一世以敵人毀約為名率軍進攻德拉城，經 5 個月的廝殺破城而入。索得黃金 4 萬磅後，波斯撤軍。西元 589 年，波斯發生內亂，拜占庭皇帝莫里斯率 7 萬大軍援助凱霍斯魯二世奪取王位。西元 591 年，拜軍在幼發拉底河畔擊敗波斯軍，殺掉篡位者，攻陷泰西封，扶凱霍斯魯二世登上波斯王位。波斯則將亞美尼亞的大部分和伊比利亞的一半割讓給拜占庭，並訂立「永久和平協定」。

　　第五次戰爭：西元 606 ～ 631 年。凱霍斯魯二世乘拜占庭內亂之機於西元 606 年率大軍西征，戰火又起。波斯軍經過 9 個月戰鬥攻陷德拉城。西元 608 年，波斯分兩路大軍西進，一路攻占卡帕多奇亞、比西尼亞、卡拉奇亞，另一路攻占迦克墩城，並聯合阿瓦爾人和斯拉夫人威脅君士坦丁堡。這時，拜占庭內戰方酣。波斯大軍長驅直人，西元 609 年攻下敘利亞，西元 611 年攻下安條克，西元 613 年攻下耶路撒冷城，並把該城洗劫一空。西元 616 年，巴夏・巴爾茲又率波斯大軍侵入埃及，攻陷亞歷山大里亞，到西元 619 年征服整個埃及。同時，另一支大軍出征小亞細亞，直抵博斯普魯斯海峽，再次威脅君士坦丁堡。至此，波斯版圖達到極點，薩珊的勢力達到了空前絕後的頂峰。西元 617 年，波斯軍又一次攻占迦克墩城，並聯合蠻族共同進攻君士坦丁堡。

　　西元 620 年，巴爾茲從埃及趕到迦克墩，參加對君士坦丁堡的圍攻。在海上攻勢受挫後，雙方達成休戰協定。利用休戰之機，拜占庭皇帝希拉克略做好了各種準備。西元 622 年，他親率大軍避開正面敵人，乘軍艦出其不意地在小亞細亞的伊索斯港登陸波，斯軍慌忙派軍火速趕往伊索斯。雙方在卡帕多奇亞遭遇。拜軍大敗波軍，乘勝收復失地，占領科爾基斯、亞美尼亞、美地亞。至西元 625 年，希拉克略平定小亞細亞西部。

西元 626 年至西元 627 年雙方繼續征戰不停。

西元 628 年，波斯發生政變。

西元 631 年，凱庫巴德二世與拜占庭議和：波斯歸還歷代侵占的拜占庭領土、釋放戰俘、歸還搶自耶路撒冷的「聖十字架」，歸還搶自拜占庭的一切財物，償還數年軍費。

羅馬波斯戰爭歷經 400 年，雙方交戰數百次。戰爭結果雖以波斯失敗而告終，但從嚴格意義上說，這是一場兩敗俱傷的拉鋸戰，戰爭的結果只不過恢復了交戰雙方的戰前狀態罷了。

戰爭中，波斯在絕大部分時間內占有優勢和主動，但由於缺乏一支可與拜占庭海軍相抗衡的海軍艦隊，無法對拜占庭的歐洲部分尤其是君士坦丁堡構成致命威脅，因此幾次圍攻都以失敗而告終。

拜占庭擁有諸多傑出的將帥，如貝利撒留、貝思、希拉克略等，他們頗負膽略和指揮藝術，在某種程度上彌補了自己軍隊的弱點，在區域性戰場上爭取了主動，做到了以少勝多，以弱勝強，最後在決戰中擊敗敵人。

拜占庭帝國作為羅馬帝國的延續，雖然已開始衰落，但仍有相當強大的政治、經濟和軍事實力。波斯雖是一個處於上升階段的國家，但經濟和軍事實力不能與拜占庭帝國相抗

衡，加上長達幾個世紀的征戰耗盡了國家的財政和經濟潛力，因而在最後一戰中遭到失敗。

羅馬波斯戰爭嚴重消耗了交戰雙方的力量。拜占庭帝國的軍事力量由此大大削弱，後來竟無力抵禦蠻族和阿拉伯人的入侵，為它的最終衰亡埋下了隱患。

波斯經此長期戰爭更是元氣大傷，大廈根基動搖，20年後的651年，薩珊波斯被阿拉伯帝國滅亡。

可以說，歷時4個世紀的羅馬波斯戰爭加速了羅馬帝國特別是拜占庭帝國衰亡的步伐，也為薩珊波斯敲響了喪鐘。

貝利撒留的軍事貢獻

西元4世紀後，羅馬帝國逐漸分裂為東西兩部分。但拜占庭帝國的歷代皇帝都以羅馬帝國的正統繼承人自居，不僅自稱羅馬皇帝，而且保留羅馬帝國的稱號，甚至到了4、5世紀各日耳曼人部落大舉進攻西羅馬時，他們仍然認為自己擁有對西羅馬的宗主權。他們都承認西哥德人和東哥德人入侵西羅馬是合法的，是受羅馬帝國居住在拜占庭的合法皇帝親自委派的。可是現實畢竟是現實，拜占庭帝國已經喪失了對西部地區的控制權。所以收復失地、重新統一羅馬帝國、重

振昔日的輝煌就成為早期拜占庭帝國統治政策的核心，也成為每個皇帝的最大心願。

查士丁尼一世實現了他前輩們的願望，而在查士丁尼光復大業中貝力撒留以其傑出的軍事天賦，建立了名留青史的豐功偉業。

貝利撒留（505～565）是色雷斯和伊利里亞交界處的伊利里亞人。據當時最偉大的作家普羅柯比（500～565）描述，貝利撒留儀表堂堂，力大無比，善於騎射，性格果敢堅毅，這些優點足以使他從眾多的軍官中脫穎而出。查士丁尼對他非常賞識和信任，先任命他為自己的衛隊長，接著提升他做美索不達米亞總督，又在他24歲時晉升他為東部戰區總司令。而年輕的貝利撒留也從未讓查士丁尼失望過，取得了一系列對拜占庭帝國當時的主要敵人波斯帝國的輝煌戰績。

貝利撒留在軍事方面的才幹讓他的對手望塵莫及，在達拉斯城一役中貝利撒留以少勝多，用他天才般的軍事戰略博得眾彩。西元531年，貝利撒留率領帝國東部邊防軍在邊境巡邏，在美索不達米亞北部的達拉斯城與波斯軍隊相遇。這支波斯國王霍斯勞（531～579年）的遠征部隊人數多達40000，而貝利撒留只有25000人。當時大多數軍官提議後撤。而貝利撒留卻站在戰略高度，力排眾議，下令迎擊。他明智的看出己方後撤勢必牽動整條東部戰線，滅自己威風和

長他人氣焰。而同時敵軍人數雖多，卻是疲憊之師，己方以逸待勞，且有堅城可守。在與波斯軍隊作戰之時，他一改已往的三軍陣勢，分為五軍，以四隊騎兵居前，另一隊步兵為預備隊。波斯右軍先攻，貝利撒留命令與之相對的左軍後撤，誘敵深入，使之兩面受敵，同時迅速分兵敵後，三面攻擊，重創敵軍。波斯軍隊不得不改由左軍出擊，貝利撒留故伎重施，並下令中間兩隊騎兵強行撕破波斯左軍，各個擊破，全殲敵軍。隨後他下令東部戰線全線出擊，大獲全勝。從此，貝利撒留聲名遠揚，更得信任，向著他軍事生涯的巔峰邁進。

　　貝利撒留對拜占庭軍事技術和戰爭藝術的貢獻不只是他的優異的戰績和指揮藝術。他建立了拜占庭軍隊的第一隻裝甲騎兵部隊。他首先引進了許多阿瓦爾人和波斯人的武器和馬鐙、鎧甲、長矛和弓箭等騎兵裝備。在此之前拜占庭騎兵數量很少，也不裝備鎧甲，只使用短兵器。而經貝利撒留組建的騎兵部隊裝備了日爾曼長矛和波斯弓箭，戰鬥力大大加強，進攻和防禦能力得到改善，並完善了騎兵作戰手段。而更重要的是他的軍事才能為實現查士丁尼重建羅馬大帝國的政治抱負作出了極大貢獻。

拜占庭與阿拉伯之戰

西元 7 ～ 11 世紀，為爭奪近東地中海區域和外高加索的統治權，拜占庭帝國與阿拉伯哈里發國家以及塞爾柱突厥人曾發生了多次戰爭。

7 世紀前半葉，阿拉伯在穆罕默德領導下，憑藉伊斯蘭教的力量，在阿拉伯半島形成統一國家。新興的穆斯林國家為了擴張領土，開闢商路，掠奪財富，轉移國內日益尖銳的階級矛盾，開始走上對外擴張的道路。

阿拉伯國家興起之時，拜占庭和波斯兩大帝國由於長期戰爭而兩敗俱傷，都已無力抵禦阿拉伯人的進攻。

633 年，穆罕默德的軍隊開始向拜占庭統治下的敘利亞進軍。隨後，阿拉伯統帥卡利德、伊本、阿爾瓦利德於 634 年攻占了巴士拉，緊接著於 635 年攻占了大馬士革。

阿拉伯軍勢如破竹，在接下來的幾年裡捷報頻傳。636 年，阿拉伯與拜占庭的軍隊會戰於約旦河支流雅爾穆克河畔，阿拉伯軍獲勝，乘勢奪取整個敘利亞。637 年，阿拉伯人征服耶路撒冷，蹂躪美索不達米亞，小亞細亞的大部分落入穆斯林國家之手。639 年底，阿拉伯另一位統帥阿姆魯對埃及突襲成功，一舉攻克皮盧希恩，並於赫利奧波利斯（今

開羅）完勝拜占庭軍隊，又以迅需不及掩耳之勢征服巴比倫要塞，占領亞歷山大。

自此，拜占庭帝國失去了埃及。

到 7 世紀 50 年代，北非部分省份如敘利亞、小亞細亞部分領地、上美索不達米亞、巴勒斯坦、埃及等地，都處於阿拉伯帝國控制之下。阿拉伯帝國的邊境已推進到地中海沿岸。它建立了一支強大的海軍，迅速占領了地中海幾個有戰略意義的島嶼，如羅德島、克里特島和西西里島。至此，阿拉伯國家已控制了拜占庭帝國在近東的大部分領土。

阿拉伯人的進攻也並不是一帆風順的。659 年，由於阿拉伯貴族內訌，其敘利亞將領穆阿維亞被迫與拜占庭締約言和。661 年，穆阿維亞擊敗正統哈里發阿里，以敘利亞為基地，建立奧瑪亞王朝，稱穆阿維亞一世。在平定內亂之後，阿拉伯人又重新組織對拜占庭的進攻。

在拜占庭皇帝君士坦丁四世時代（668 ～ 685 年），阿拉伯人的進攻達到高潮。阿拉伯艦隊渡過愛琴海，穿越赫勒斯滂海峽，進入馬爾馬拉海，在基齊庫斯城建立軍事基地。

673 ～ 677 年，阿拉伯艦隊幾乎每年夏季都要由此出征君士坦丁堡，但是，君士坦丁四世從不敢輕敵，每次都做好充分準備，精心布置防衛，並採用一種叫做「希臘火」的液體

燃燒劑，成功地摧毀了阿拉伯艦隊，保衛了君士坦丁堡。

677 年 6 月，阿拉伯艦隊被迫撤離君士坦丁堡，在途經小亞細亞以南海面時，遇到風暴襲擊，又遭拜占庭艦隊的阻截，在雙重打擊下，阿拉伯艦隊幾乎全軍覆沒，陸軍在小亞細亞也遭到慘敗。678 年，交戰雙方簽訂《三十年和約》，阿拉伯國家被迫向拜占庭納貢。

在北非，阿拉伯軍隊的進展頗為順利，697 ～ 698 年奪取迦太基，結束了拜占庭對北非的統治。

717 年，阿拉伯人又捲土重來，從水陸兩路再次發動對君士坦丁堡的進攻。阿拉伯在精心準備後，組成了龐大的隊伍，其中陸路多為騎兵和駱駝兵，號稱 12 萬人，越過小亞細亞，渡赫勒斯滂海峽，抵阿拜多斯城（今埃及阿巴德），進入歐洲大陸，包圍色雷斯；水路有戰艦 1800 艘，從敘利亞和埃及出發，駛向博斯普魯斯海峽；同時，還有各載 100 名重灌士兵的大型戰船 20 艘，以備登陸。拜占庭伊蘇里亞王朝的奠基者利奧三世組織反擊，他一反歷任拜占庭軍事指揮的消極防禦戰略，採用誘敵深入的方針，下令拆除港口的鐵鏈，任阿拉伯艦隊駛進港灣；然後，出其不意地以火箭、火船、火矛、「希臘火」實行襲擊。阿拉伯艦隊一時間方寸大亂，在熊熊烈火中幾乎全軍覆沒。陸路的一支情況也大為不妙，由於阿拉伯士兵不耐嚴寒，且供給不足，時疫流行，戰鬥力

銳減，被利奧三世收買的保加利亞人的進攻所重創。另兩支運送士兵、武器和糧食的阿拉伯艦隊也沒有逃脫被攻擊的命運，亦被擊潰。歷時 13 個月的君士坦丁堡會戰，以拜占庭的大勝而畫上了句號。君士坦丁堡會戰之後，拜占庭開始向小亞細亞和敘利亞等地展開全面進攻，戰局瞬時逆轉，拜占庭轉為戰略進攻，阿拉伯轉為戰略防禦。

阿拉伯人可謂是連連敗退，746 年，在塞普勒斯附近的大海戰中，拜占庭擊潰了約一千艘戰艦的阿拉伯艦隊，奪回塞普勒斯。

8 世紀後半期，拜占庭在小亞細亞屢獲勝利，把阿拉伯人驅趕到小亞細亞東部。雖然在一些小城市的爭奪中，拜占庭常得而復失，但畢竟重振了「帝國」的聲威。

此時的阿拉伯帝國是內憂外患，對外戰爭連連受挫，勢力範圍逐漸縮小，於內也是危機重重。750 年，阿拉伯帝國內部矛盾激化，阿拔斯王朝取代了奧瑪亞王朝，遷都巴格達。此後，拜占庭同阿拉伯的爭奪重點，主要在小亞細亞和美索不達米亞、黑海沿岸、地中海東部和義大利等地，戰事依然連綿不斷，但規模不大。

9 ～ 10 世紀，阿拉伯帝國內部各族人民紛紛起義，國勢漸衰。拜占庭馬其頓王朝乘勢收復了兩河流域平原、克里特

島、塞普勒斯、安條克、埃德薩、大馬士革、貝魯特及敘利亞其它地區,重新在東方獲得優勢,成為名副其實的「基督教東方前哨」。

曼齊刻爾特之戰

西元 1071 年 8 月的曼齊刻爾特之戰在軍事史上寫下了不朽的一頁。此戰最終導致了西方世界政治軸心的變化。儘管拜占庭帝國後來又收復了安納託利亞的部分領土,曼齊刻爾特之戰卻敲響了拜占庭帝國的喪鐘。

幾個世紀以來,拜占庭帝國一直是歐洲最強大、最文明的國家,因此,作為決定拜占庭存亡原因之一的曼齊刻爾特之戰的確是具有決定性意義的會戰。

曼齊刻爾特會戰爆發前的半個世紀是拜占庭帝國極其衰敗的一段時期。雖然此前的巴西爾二世不僅是個強有力的統治者,而且是個富有才幹的統帥。但當他於西元 1025 年去世的時候,拜占庭帝國已元氣大傷。不久,義大利南部的諾曼人便趁拜占庭軍隊士氣低落和戰鬥力下降的機會對其進行侵擾。不僅如此,對拜占庭帝國來說,更為嚴重和直接的威脅還是來自東面的塞爾柱突厥人。

　　突厥人的首領是古茲王公的一位王子，而這位王子晚年卻皈依了伊斯蘭教，塞爾柱民族的名稱就是以他的名字命名的。早在 11 世紀初葉他們就曾多次襲擊拜占庭的領土，不過那時，他們的目標僅僅是搶劫而已。然而，到了 11 世紀中葉，由於發現對手的抵抗很弱，而且每次襲擊都能掠獲很多東西，突厥人的入侵變得愈加頻繁和深入了。這個民族勇猛剽悍，極富侵略性。1055 年，在其首領圖赫里勒・貝格統率下，攻陷巴格達，圖赫里勒・貝格自立為蘇丹，實際上解除了阿拔斯王朝哈里發的政治權力。

　　突厥人下一個目標就是亞美尼亞，這個國家原是個重要的緩衝國，經過長期不斷的軍事徵討和艱難的談判，拜占庭帝國於西元 1045 年將它吞併。在西元 1064 年，塞爾柱人攻陷了亞美尼亞的首府和最後的要塞阿尼，由此亞美尼亞就成了突厥人的囊中之物。

　　亞美尼亞的陷落無疑給拜占庭帝國在曼齊刻爾特會戰中的失敗留下了後患。因為如此一來，塞爾柱王朝能以最快的速度對拜占庭帝國發起進攻。

　　手持長矛的拜占庭騎兵曼齊刻爾特會戰的勝利者阿爾普・阿爾斯蘭是塞爾柱王朝的締造者塞爾柱的重孫，他生於西元 1029 年，西元 1063 年成為蘇丹。在賢臣尼札姆・穆勒克的得力輔佐下，他統治著一個從河間地帶一直到美索不達米亞的

龐大帝國。人們對他的性格所知甚少，但有關他的記載清楚地表明，他是一位偉大的勇士和卓越的統帥。顯然，他是既四肢發達，頭腦也不簡單的很強硬、有手腕的帝王，而且他很可能是個冷酷無情的人。

決戰的時刻到了，1071 年 8 月中旬，拜占庭皇帝羅曼努斯的聯軍與阿爾普·阿爾斯蘭的軍隊在基拉特一帶遭遇。

現在我們已無從考證交戰雙方的確切兵力，但是幾乎可以肯定的是，阿爾普·阿爾斯蘭一方的人數相對少些 —— 不過 4 萬至 5 萬人。突厥人一方松達克先頭部隊的兵力肯定要比拜占庭一方塔查尼奧茨和魯塞爾聯軍少得多，然而後者卻被打得潰不成軍、落荒而逃。失利後，他們並沒有向羅曼努斯的方向靠攏，而是朝著西面的梅利泰內方向退去。更令人遺憾的是，這些戰敗的將領們竟無一人把這次戰鬥的情況報告給羅曼努斯皇帝。

羅曼努斯從逃回的傷兵那裡得知了這一壞訊息。在並不清楚戰敗的程度並仍未掌握準確情報的情況下，他作出了錯誤的決定，他命令布里恩尼烏斯率一支加強的部隊去接應和掩護巴西利阿庫斯撤退。直到布恩思尼烏斯驅馬來到山腳下時，他才瞭解到戰場上的嚴峻形勢。很顯然，布里恩尼烏斯遇到的是蘇丹的部分主力部隊。布里恩尼烏斯且戰且退，撤出了他的大部分部隊，但他自己卻在掩護部隊撤退時三處負傷。

　　那天晚上，拜占庭軍隊的大營遭到大批突厥人的襲擊，他們企圖一舉全殲拜軍。阿塔雷埃特斯對當時的情景作了生動的描述：受傷計程車兵和戰馬在厲聲嘶叫，僱傭兵因辨不清敵友而胡喊亂叫，大營外當地小販們也在揮動手中的器皿起鬨，戰場內外一片混亂。拜軍終於守住了大營。第二天，羅曼努斯派出殘存的步兵將敵人趕離軍營和附近的穆拉特河兩岸。

　　羅曼努斯遭受了重創，但仍在猶豫不決。此時，他對敵情和戰況還是 —— 無所知。大戰之前，他曾派人試圖召回塔查尼奧茨和魯塞爾。信使的遭遇我們不得而知，估計他們很可能是被敵人殺死了，因為戰鬥發生時，塔查尼奧茨和魯塞爾正由梅利泰內附近向西行進。相反，在己方領土行軍作戰的阿爾普‧阿爾斯蘭自始至終對其對手的每步行動都瞭如指掌。看來，很可能是他讓巴格達哈里發的代表於 8 月 18 日突然來到拜軍大營，試圖與羅曼努斯議和。但是，羅曼努斯斷然回絕。一場惡戰在所難免。

　　羅曼努斯也許是對的，因為他必須以征服者的身份回到君士坦丁堡，否則他將失去一切。

　　次日，羅曼努斯糾集殘存的部隊準備戰鬥。拜軍右翼由卡帕多奇亞行省總督阿利亞特指揮，羅曼努斯率衛隊居中，布里恩尼烏斯統領左翼，僱傭騎兵組成的強大預備隊統歸安

德羅尼卡・杜卡斯指揮。安・杜卡斯無疑是位將才，但他陰險狡詐，不可信任。

顯然羅曼努斯並不是一位英明的軍事家，他違背了「智者」利奧在《戰術學》中規定的與突厥人作戰的原則，因而註定要失敗。誠然，羅曼努斯盡力按第一個原則，即要儘快從正面與敵交戰的原則去做了，然而，未等羅曼努斯趕到，塞爾柱人早已乘快騎撤退到幾英里以外。與此同時，他們以騷擾戰術猛擊羅曼努斯的兩翼。由於羅曼努斯的大部分步兵已被塔查尼奧茨帶走，因此他的兩翼失去了保護。苦苦拼殺的騎兵被暴雨似的箭矢激怒了，他們紛紛「憤起」直追，結果大部分陷入了敵軍的伏擊圈。

拜軍的大部分人馬逐步越過蘇丹遺棄的軍營，朝著崎嶇的山地逼近。毫無疑問，在那裡等待著他們的是和兩翼部隊同樣的命運。羅曼努斯一心想抓住這股敵軍，直到天黑他才意識到，如果不趕快撤回，他那堆滿糧草卻無重兵把守的軍營將被洗劫一空。他別無選擇，只好下令撤退。

就整體而言，拜軍的進攻組織得井然有序，然而撤退卻是另一回事了。撤退從來就是很難組織的行動，如果指揮控制不當，撤退的目的很容易被曲解。由於與側翼部隊缺乏配合，拜軍陣營開始出現裂痕。而這正是突厥人所期待的時機。突厥人的輕騎兵飛快地衝入拜軍，使其亂成一團。羅曼

努斯急令部隊轉身迎敵。這一招本來是可能挽回局勢的唯一方法，但是，後衛部隊指揮官安德羅尼卡‧杜卡斯卻拒不服從命令，反而帶著部隊向營地退去，這直接造成了拜軍的殿後部隊遭到敵騎兵的瘋狂砍殺的惡果。

當夜幕降臨時，失去希望和凝聚力的拜軍兩翼部隊開始崩潰瓦解，中軍陷入孤立無援的境地。但是，羅曼努斯仍在竭盡全力勇敢地拼殺，直到胯下的戰馬倒下，他本人受傷被俘。這是突厥人在歷史上第一次俘獲拜占庭皇帝。

突厥人對潰不成軍的拜占庭軍士展開了大屠殺，這場屠殺一直持續到深夜，就連羅曼努斯的軍營也被洗劫一空。次日，整個拜占庭大軍被徹底擊垮。

成為俘虜的羅曼努斯被帶到蘇丹面前，蘇丹對他非常寬宏大度。因為讓這位威信喪失殆盡的皇帝保住皇冠，完全符合塞爾柱王朝的利益。於是，拜突雙方簽訂了和約，和約要求拜占庭交付鉅額贖金，雙方簽訂互不侵犯條約，將拜占庭占領的某些重要地區歸還突厥人。而後，蘇丹釋放了羅曼努斯。為了表示尊重，蘇丹還派一支小部隊護送他回去。

雖然拜占庭以 150 萬塊黃金將羅曼努斯贖回，但是，這次影響深遠的失敗卻引發了拜占庭新的內訌。拜占庭帝國其他統治者們決不會允許——位蒙受了像曼齊刻爾特慘敗這樣

恥辱的皇帝繼續留在帝位上。他們趁羅曼努斯外出之際，把歐多西亞皇后貶到修道院，並宣布懦弱無能的米海爾七世為唯一的合法皇帝。

對於這種狀況，羅曼努斯只好設法重新糾集了一支軍隊。西元 1071 年秋，他踏上前往君士坦丁堡的道路，試圖奪回王位，結果卻在多西亞被君士坦丁‧杜卡斯擊敗。羅曼努斯從戰場上悄悄溜出，向東面的西利西亞逃去。隨後，他再次糾集起一支軍隊出征，結果又遭失敗。這次他是被叛將安德羅尼卡‧杜卡斯打敗的，並再一次被俘。

不久，羅曼努斯遭到當時常見的一種酷刑，被人用拇指挖去雙眼，悲慘地死於自己的同胞之手。

在曼齊刻爾特會戰中，曾經不可一世的拜占庭軍隊遭到幾乎令人難以置信的慘敗。縱現整個戰爭的過程，其中有四個重大因素對這場災難產生了直接影響：羅曼努斯即位時拜占庭軍隊的狀況，11 世紀後半葉亞美尼亞地區的喪失，會戰中對敵情的一無所知以及將軍們的叛變。正是以上四個方面直接葬送了盛極一時的拜占庭帝國。

希臘火

拜占庭帝國的皇帝君士坦丁四世（668～685年在位）是君士坦丁二世皇帝三個兒子中的長子，自幼性格堅毅、處事果敢，其父離開首都西巡時，他年僅10歲。西元668年，他的父皇在義大利敘拉古城被刺身亡時，他雖然只有18歲，但已有多年參與和主管帝國都城軍政事務的經驗。對於父親的死，他既感悲痛又在意料之中，因為他深知朝野上下、特別是宮廷文武大臣中的主戰派對父皇棄都西走、躲避抵抗阿拉伯人責任的行為極為不滿。尤其是隨同父親西巡的麥茲喬斯將軍早就令他不放心，這個來自帝國東部亞美尼亞軍區的糾糾武夫對家鄉失陷痛心疾首，多次揚言要率兵出征，均被父皇阻攔。他不止一次提醒父親提防此人，未引起重視，最終，正如所料終於引來殺身之禍。

他不同意父親的做法，因為他知道，那隻能使朝野浮動，民心不穩，軍心動搖。所以，他即位後，立即著手整頓朝綱。首先，他強化中央集權，整肅文武官員，清除和罷免主和派，提拔和重用主戰派，對那些不忠於自己的將領和大臣格殺勿論。在這場權力鬥爭中，甚至連他同根生的兩個兄弟也不能倖免，被他殘酷地剁去手腳。其次，他全面加強國防，調整對阿拉伯軍隊的作戰部署。

君士坦丁四世清楚地認識到，僅僅靠原有的戰略戰術和軍事技術是很難抵抗住敵軍進攻的。這些兇猛異常的阿拉伯人在陸地上依靠其散兵式作戰的騎兵不斷取勝，對這種作戰方式帝國官兵剛剛開始適應，一些軍區已經能夠有效地阻止敵軍的前進。目前形勢更加嚴峻，阿拉伯人已經建立了近海艦隊。他們的目的十分明確，就是要向帝國首都發動水上進攻。哈里發穆阿維亞重新坐陣敘利亞前線以來，積極督促其海軍向君士坦丁堡進攻，以埃米爾法達拉斯為艦隊司令的阿拉伯水師竟然穿過達達尼爾海峽攻占了馬爾馬拉海東南沿海的基茲科斯城。此城距離帝國首都非常近，只需半日海程，敵人以它為基地，自西元 674 年夏季開始，每年都發動大規模進攻，形成了對帝國首都的海上封鎖。這個帝國心腹大患確實使皇帝寢食不安，於是，他下令所有官員明察暗訪，廣泛徵集救國良策。

拜占庭士兵使用「希臘火」（一種可以在水上燃燒的液態燃燒劑）作戰。正當帝國君臣無計可施的時候，一個來自敘利亞的希臘人聲稱自有退敵之策。這個衣冠不整、其貌不揚的人立即被引進皇宮，君士坦丁四世親自接見，摒退左右，詢問高人高見。原來此人名叫佳利尼科斯，曾在敘利亞當建築師，後來在尋找和研究建築用防水材料時對煉丹術發生了濃厚興趣。在長期對化學物質奇妙反應的研究中，他逐漸掌

握了火藥的配製方法。阿拉伯軍隊侵占了他的家園後，他隨逃難的人群撤往首都。途經小亞細亞地區時，他驚奇地發現，當地出產一種黑色的粘稠油脂，可以在水面上漂浮和燃燒（這種油脂實際上就是我們今天所說的石油）。在君士坦丁堡的幾年中，他親眼目睹了阿拉伯軍隊每年夏季從首都東、南兩面對這座城市的圍攻。他向皇帝提出，使用火燒阿拉伯戰船的方法可以擊退敵人。這一建議立即得到皇帝的認同和重視，他指示負責軍械和武器生產的官員在大皇宮內祕密組織研製和生產，由佳利尼科斯擔任技術指導。他下令對有關的一切事情特別是這種新式火器的配方和製作過程嚴格保密，甚至不許用文字記載下來。

可能正是由於當時的保密措施才使這種威力巨大的新式武器在浩繁的拜占庭帝國文獻中沒有留下有關它的配方和製作方法，一些史書僅提到了它的名字，還有是從深受其害的阿拉伯人的記載中瞭解了它的殺傷力。在阿拉伯人的記載中，它被稱作「希臘火」，而在拜占庭文獻中則被稱為「液體火焰」。希臘火是一種以石油為主體、混合了易燃樹脂和硫磺等物質的粘稠油脂。它極易點燃，但不具備爆炸力，因此便於攜帶和運輸。它的性狀如油，可以在水面上漂浮和燃燒，而且容易附著於物體表面。經過配製的希臘火被裝入木桶，運送到前方供守城將士使用。士兵們通常使用管狀銅製噴射

器將它噴灑向敵人，然後射出極火箭將它點燃。

　　西元 678 年夏季，埃米爾法達拉斯奉命對君士坦丁堡發動新的攻擊。6 月 25 日清晨，法達拉斯早早升帳，命令阿拉伯海軍各戰船指揮官作好攻城準備。幾天來，阿拉伯水師乘著東南風對君士坦丁堡連續強攻，但是都被強弓硬弩、滾木雷石擊退。今天風向轉變成為西風，這對攻城極為不利，他略有猶豫，但一想到哈里發穆阿維亞的命令，便立即下令全軍起錨進發。百餘艘阿拉伯戰船拉開陣勢，浩浩蕩蕩朝君士坦丁堡城下撲來。突然，船頭瞭望哨報告，城牆下有許多小船在海面上活動，似乎往水上噴灑什麼，拜占庭人又在搞鬼！也許是在灑他們的聖水。由此以前並未看過，加之法達拉斯的輕敵心態，於是他下令不要理睬他們，繼續靠近城下幾個預定的進攻點。一陣強似一陣的海風把海水吹上船頭，法達拉斯這才注意到水中雜著大量的油脂。猛然間，一個可怕的念頭出現在腦海中，他想到了火，於是下令全隊掉轉船頭，全速後撤。但為時已晚，阿拉伯艦隊所要面對的將是滅頂之災。只見君士坦丁堡城頭萬箭齊發，箭箭帶火，霎時間海面上漂浮的油脂被點燃，很快成為一片火海，而無數燃燒的火箭更在甲板各處點燃了木質船體。火借風勢，風助火威，剛才衝在前面的前部艦隊的船隻全都陷入火海。無處躲藏的阿拉伯水手，紛紛跳入海中逃命，可此時的大海已成為

燃燒的海洋。大火繼續蔓延，阿拉伯船隻慌作一團，一些尚未燃燒起來的船隻被倉皇逃竄的艦船撞沉，痛苦的嚎叫響徹雲天。經過這一仗，阿拉伯艦隊遭到了重創，幾乎2／3的船隻被燒燬，僥倖逃回的船隻多數受到損害，元氣大傷的阿拉伯人再也不能發起強大的海上攻勢。

　　退回基茲科斯城基地的阿拉伯殘餘船隻經過短暫的修整，經過哈里發穆阿維亞批准慌忙撤往敘利亞，以躲避拜占庭海軍的反圍攻。幾十隻船排成兩個三角形陣容倉皇向南逃去。但更加可怕的事情還在後面。地中海天氣變化莫測，剛才那一小團烏雲轉眼之間就變成烏雲翻滾的暴風雨，強烈的大風掀起滔天巨浪，傾盆暴雨鋪天蓋地，可怕的閃電和振耳欲聾的滾滾雷鳴夾雜著慘烈的狂風怒吼，這是一場阿拉伯水兵從沒見過的暴風雨。倉促拋錨的阿拉伯船隻能在狂風暴雨的衝擊中上下顛簸，幾隻大船的錨鏈經不住海浪的衝擊被拉斷了，那些船隻如脫韁的野馬，在船陣中橫衝直撞，不一會兒，連同被撞的小船一起沉入海底。有些小船在水中被巨浪撕裂，打成碎片。暴風雨過後，海上恢復了平靜。驚魂未定的阿拉伯人集結起剩餘的十幾艘船，經清點發現僅存數百人，而他們的統帥埃米爾法斯也在暴風雨中下落不明。

　　副將哈里代行指揮權，命令船隊向最近的西亞海港城市西萊夫基亞進發。由於戰爭和天氣造成的損失，阿拉伯船隊

航行的速度很慢，有時整個船隊不得不拋描等待個別落後的船隻，有時甚至要對損壞太嚴重的船隻修補之後才能繼續前進。自古以來兵貴神速，無論進攻還是退卻，必須做到出其不意。哈里只顧全個別船隻，卻忽視了這個兵家要理，因而，又一場災難悄悄地臨近了。

顯然拜占庭軍隊重創阿拉伯海軍是經過精心安排的。當君士坦丁四世獲得了製造「希臘火」的祕密後，在嚴格保密的同時進行大量生產。事實上，自從拜占庭帝國的高加索和亞美尼亞地區發現石油以後，就有相當數量的石油被運往君士坦丁堡，人們也早已熟悉它的可燃性。佳利尼科斯的新貢獻在於將相當比例的易燃物質加入石油，使得它的可燃性變為易燃性，成為新式武器——希臘火。由於原料充足，拜占庭人在很短的時間內就可以生產大量的希臘火。為了充分發揮希臘火的威力，拜占庭軍隊高層將領制定了「借西風」戰術，即耐心等待西風天氣的到來。在等待的同時，祕密建立「火軍」，加緊訓練士兵運用希臘火戰術和作戰方法。與此同時，任憑阿拉伯軍隊每天攻城，拜占庭人堅決不使用祕密武器，直到夏季少見的西風出現，才現出法寶，一舉獲得全勝。而後，他們不斷出擊，迫使阿拉伯軍隊撤出對君士坦丁堡的包圍。當殘餘的阿拉伯艦隊緩慢地航行在東地中海上時，時機到了，拜占庭人決定立即出擊，對完全喪失了戰鬥力的阿拉

伯人實行最後的打擊。在西萊夫基亞附近海面上，拜占庭海軍終於抓住了阿拉伯人，並藉助順風，再次使用希臘火無情地打擊阿拉伯艦隊。經過這次戰爭，一度相當強大的阿拉伯海軍幾乎全軍覆沒，最後只剩下幾隻小船逃進西萊夫基亞海港。

訊息很快傳入哈里發穆阿維亞行營，年邁的哈里發沉默了許久，他不得不承認阿拉伯軍隊遭到了最慘痛的失敗，於是，他命令外交大臣草擬議和草案，代表他前往君士坦丁堡談判停戰。西元 678 年，雙方訂立 30 年和平條約，哈里發穆阿維亞表示降服，願意每年向拜占庭帝國進貢。拜占庭帝國的軍事勝利在東歐產生了強烈的反響，阿瓦爾人汗王和斯拉夫人各部落首領紛紛前往君士坦丁堡請求和平和友誼，並承認拜占庭帝國的宗主權。

拜占庭軍隊在西元 678 年夏季取得的勝利，是對所向無敵的阿拉伯擴張勢頭第一次沉重打擊，阿拉伯人征服歐洲的計劃因此最終破產。當代著名拜占庭學家奧斯特洛格爾斯基指出，這一勝利使歐洲免遭阿拉伯軍隊的蹂躪和伊斯蘭教文化的征服，其重大的歷史意義遠遠超過勝利本身，可以說，這一事件是世界歷史發展的一個重要轉折點。

東羅馬時期拜占庭與東歐名將

　　拜占庭和東歐在中世紀起著歐洲屏障作用，有利地阻止了來自亞洲的入侵。在中世紀前期，拜占庭主要是抵抗波斯和阿拉伯的入侵，而東歐各民族則在反抗著拜占庭；到中世紀後期，東歐則抵抗著土耳其的入侵。可以說整個中世紀，東歐各民族都在為自己的生存和榮譽而戰鬥，亂世出英雄，連年的戰爭，必然造就一大批傑出的軍事將領，以下我們就介紹當時一批叱吒風雲的名將。

✦ 1・貝利撒留（505～565年）—— 拜占庭將軍

　　拜占庭帝國歷史上湧現出許多傑出軍事將領，其中首推貝利撒留。他原為東羅馬皇帝查士丁尼的侍衛。527年，他22歲時擔任了波斯前線的東方統帥，24歲時就晉升為東部戰區總司令。528、541年指揮了第一、二次波斯戰爭，常常以弱勝強，出奇制勝，擋住了波斯大軍的入侵。其中以達拉斯城一段最為有名。532年鎮壓尼卡起義。534年攻滅了北非的汪達爾王國。534～540年打敗東哥特王國，占領了義大利的大部分地區。貝利撒留幾乎以一己之力重現了古羅馬帝國的軍事風采。544年，東哥德人在義大利捲土重來，貝利撒留再次出征，戰事陷於僵持，548年被免職。559年，最後一

次指揮作戰，打敗了攻到君士坦丁堡城下的保加利亞人。貝利撒留極具軍事才能，其指揮的大多數戰役都是以劣勢兵力取勝，可以說他對拜占庭軍事技術和戰爭藝術的貢獻比其戰功影響更為深遠。貝利撒留的軍事成就使查士丁尼一世重建羅馬帝國的政治抱負得以短暫地實現。但他似乎在統帥才能上略有欠缺，無論在東線還是在義大利，戰事一持久，其部下就有不聽調遣的情況，從而影響戰局。而且以他的軍功，其地位還要靠其妻與皇后的關係維持。

✦ 2．納爾塞斯 (478 ～ 573 年) —— 拜占庭將軍

納爾塞斯原為東羅馬皇后狄奧多拉一名寵信的宦官，因積極鎮壓 532 年尼卡起義受到皇帝的信任和重用。538 年隨貝利撒留對東哥德人作戰。550 年接替貝利撒留為統帥，在 552 年的塔吉奈戰役中獲勝，東哥特國王托提拉重傷而死。隨後在 554 年的卡西里紐姆戰役中，打敗了法蘭克人和阿勒曼尼人，征服了義大利。納爾塞斯的勝利並不代表他的才能勝過了貝利撒留，因為他帶來了數萬蠻族僱傭軍，其投入的軍力遠大於貝利撒留。但不輕樣，納爾塞斯作為宦官從事軍事活動實屬不易，且能大器晚成，戰功顯赫，可謂軍事奇才。

✦ 3・利奧三世（675～741年）── 拜占庭皇帝

717年，阿拉伯大軍水陸並進，包圍了君士坦丁堡，形勢危急。拜占庭的小亞細亞軍區將軍利奧被擁戴登上皇位。718年，利奧三世用「希臘火」燒燬了阿拉伯海軍的戰艦，擊潰了阿拉伯的海、陸大軍。740年，在小亞的阿克洛伊農戰役中，再次重創阿拉伯軍隊。利奧三世是拜占庭傑出的軍事家，他不僅挽救了重危的拜占庭帝國，而且進一步鞏固了軍區制，加強了帝國的軍事實力。

✦ 4・克魯姆大公（？～814年）── 保加利亞大公

克魯姆803年即位，805年打敗了阿伐爾人的入侵，809、811、813年多次打敗拜占庭帝國，攻占了塞爾的卡（今索菲亞）和軍事重鎮亞得裡亞堡。其領土包括今保加利亞以及羅馬尼亞、匈牙利的一部分。克魯姆大公是保加利亞人繼阿斯巴魯赫後的早期英雄人物，他能夠一再打敗當時的強國拜占庭，顯示出他非同凡響的軍事才能。

✦ 5・賽奧佛魯斯 ── 拜占庭將軍

賽奧佛魯斯是9世紀拜占庭軍事家，他原本是小亞細亞東部伊朗或庫爾德血統拜占庭人，834年率部落軍隊投奔拜

占庭帝國，並開始信仰基督教。他被任命為騎兵團指揮，因作戰勇猛、忠實而受到拜占庭皇帝信任，與皇室公主狄奧多拉結婚。837年，他陪同皇帝奧非羅斯出征小亞細亞，攻占阿拉伯人控制的扎位元立，大獲全勝。838年，在達伊蒙戰役慘敗後救駕有功，為拜占庭帝國立下汗馬功勞。賽奧佛魯斯的一生以善於採用騎兵作戰而著稱，創造出許多騎兵突出作戰的成功戰例。

✦ 6・奧列格（？～912年）—— 基輔羅斯大公

奧列格為北歐諾曼人後裔，879年即位諾夫哥羅德公爵。隨後南下，征服了斯摩稜斯克。882年征服基輔，成為基輔羅斯大公。907年，奧列格大公一路南下，直逼拜占庭首都君士坦丁堡，拜占庭被迫求和。奧列格以弱小的兵力開始南征，越戰越強，竟至打到君士坦丁堡，不愧是東斯拉夫人的英雄人物。

✦ 7・西蒙大帝（864～927年）—— 保加利亞皇帝

893年西蒙即位為保加利亞大公後，打敗了拜占庭帝國，征服了塞爾維亞、阿爾巴尼亞、馬其頓，於919年稱凱撒，925年又稱「保加利亞人和希臘人的皇帝」，並一度迫使拜占庭納貢。西蒙大帝的保加利亞是當時東歐的頭號強國。

◆ 8．巴西爾二世（958 ～ 1025 年）── 拜占庭皇帝

　　巴西爾 963 年即位，976 年親政後，鎮壓了各地叛亂。隨後打敗阿拉伯人，征服了敘利亞和伊拉克的大部分地區。在 l001 ～ 1014 年間，巴西爾二世連續擊敗保加利亞軍隊，1018 年，在經過 30 年戰爭後，最後滅亡了保加利亞王國。其殘酷的殺戮，獲得了「屠殺保加利亞人的劊子手」的稱號。巴西爾二世戰功顯赫，由於他的軍事勝利，拜占庭軍事力量達到鼎盛時期，他也成為拜占庭帝國最後一位傑出的軍事天才。

◗ 9．波列斯瓦夫一世（967 ～ 1025 年）── 波蘭國王

　　波列斯瓦夫 992 年即位波蘭大公，於 999 年統一波蘭。1003、1007、1015 年三次打敗神聖羅馬帝國的入侵，捍衛了波蘭獨立，並在戰爭中占領了奧得河西岸地區。1013 年征服了摩拉維亞和斯洛伐克。1018 年遠征基輔羅斯，直至黑海北岸。1025 年加冕為波蘭國王，其領土遍及大半個東歐。波列斯瓦夫一世無愧勇敢者的稱號，其作戰勇往向前，是波蘭歷史上最傑出的統帥。

◮ 10．斯特凡．杜尚（1309 ～ 1355 年）── 塞爾維

▼ 亞皇帝

　　斯特凡‧杜尚 1330 年隨父親出征，在丘斯滕迪爾戰役中打敗了保加利亞、拜占庭聯軍。1331 年篡位自立為國王。1345 年征服阿爾巴尼亞、馬其頓。1346 年加冕為「塞爾維亞人和希臘人的皇帝」。1348 年占領拜占庭帝國的中希臘地區。後又打敗匈牙利，占領馬頓瓦和貝爾格萊德。斯特凡‧杜尚具有塞爾維亞人的頑強、好戰性格，他創造了塞爾維亞歷史上的最強大時期。

千年軍事強國

信仰的裂變

東正教與羅馬教廷的分裂

拜占庭神學主要是指拜占庭帝國時代的基督教神學。基督教是古代羅馬帝國留給後世的重要遺產。8 世紀中期羅馬教皇國形成以前，基督教東西方教會基本上得到了同步發展。西元 1054 年，基督教東西方教會正式分裂以後，羅馬天主教和拜占庭東正教各自走上了不同的發展道路。長期以來自奉為正統「正教會」的以君士坦丁堡為首的東方教會，便獲得了「東正教」的稱呼，西方以羅馬為首的教會則自稱為「大公教會」。拜占庭帝國有別於羅馬帝國的重要方面是確定基督教為國教，因此，基督教在拜占庭歷史上占有極為重要的地位，可以說，不瞭解拜占庭基督教就無法瞭解拜占庭歷史。

作為地中海世界廣泛傳播的世界性宗教，基督教在其最初的相當長時期裡沒有形成比較穩定的信仰體系，教會內部對於主要的信條也存在多種解釋，拜占庭神學經歷數百年的爭論後，直到 8 世紀才大體形成比較完整、獨立和穩定的思想體系。

拜占庭基督教與羅馬教廷的正式分裂雖然發生在拜占庭歷史的後期，但兩者之間的思想分歧和教權之爭自始至終從未中斷。

拜占庭神學的主要來源是古典希臘哲學和猶太宗教的神祕思想，拜占庭帝國的主要疆域為希臘和希臘化地區，古代希臘哲學在這裡產生了廣泛而深刻的影響。

由於在基督教發展過程中形成了不同的教區，而這些教區有關神學的觀點不盡相同，從而引發了他們爭奪最高宗教地位的狀況，由此形成大大小小、的宗派，使基督教教會長期陷於分裂。

9 世紀以後，各教會之間的鬥爭更帶有個人色彩。在戰爭中，對立的各方大都利用神學教義問題為武器攻擊對方，實質上並未提出任何新理論，幾乎沒有任何建樹。他們共同的手段是無情打擊異己分子，順我者昌，逆我者亡，使東正教內部對立情緒極為嚴重。當某一宗派的首領去世後，東正教內部鬥爭就會暫時得到緩和或停止。但是，新的宗派和教派間的鬥爭隨著新大教長的上任而又重新開始。

除了東正教內部爭權奪利的教派之爭外，教派鬥爭常常與世俗統治集團內部鬥爭相結合。如利奧六世皇帝統治時期，大教長尼古拉斯（901～907年，912～925年在任）為首的宗派則深深地捲入到「皇帝第四次婚姻」的是非爭論中。

利奧六世（886～912年在位）的前三次婚姻都十分不幸，皇后賽奧法諾、鄒伊和尤多西亞先後早亡，所生一子三

女中兒子也幼年夭折，王朝因此面臨沒有男性繼承人的政治
危機。

在婚姻問題上，拜占庭人幾乎全盤繼承了古羅馬的婚姻
法，但修改了羅馬法關於夫權和離婚的規定：允許離婚和再
婚。此後，由於教會影響的擴大，教會只承認第一次婚姻的
神聖性，譴責第二次婚姻，至於第三次婚姻，教會法加以嚴
格的限制，更別提是第四次婚姻。

利奧擔心皇權旁落，因此與其情婦「黑眼圈」鄒伊於西元
905 年生下一子，取名為君士坦丁。但是，當利奧打算明媒
正娶鄒伊為妻，進而使其子具有繼承皇位的合法權力時卻遭
到教皇尼古拉斯的反對，他甚至禁止利奧進入教堂，因此被
皇帝免職。在這一問題上，東正教教會內部再度陷入分裂，
支援皇帝第四次婚姻的宗派在新任大教長尤塞米歐斯（907～
912 年在任）的領導下，積極參與利奧皇帝迫害反對派的行
動，而尼古拉斯則支援大貴族杜卡家族對皇帝的戰爭。兩股
勢立形成對峙局面，相持不下。最後直到利奧死後，君士坦
丁的合法地位經過多年的努力才得到認可。

「皇帝第四次婚姻」事件說明，東正教的分分合合往往
與拜占庭世俗統治階層的政治鬥爭密不可分，你中有我，我
中有你。這種東正教教會參與皇室政治鬥爭的習俗一直持續
到拜占庭末代王朝統治時期，如大教長阿森尼烏斯（1254～

1265 年在任）因參與拉斯卡利斯家族和帕列奧羅格王朝之間的政治鬥爭而被罷免，其教會也難逃分裂的厄運。

　　東正教與羅馬天主教的鬥爭是基督教歷史上的重大事件。這兩個教振原來都是基督教的主要教區，有利益就有衝突，在基督教發展壯大的過程中，兩大教區為爭奪最高宗教地位而展開激烈的鬥爭，導致了最終公開的分裂。

　　按照西元 325 年尼西亞大公會議的決議，羅馬教會在幾大教區中名列首位，其次為亞歷山大教會和安條克教會。後來隨著君士坦丁堡的建成和發展，這種情況發生了變化，君士坦丁堡教會因其特殊的政治地位而迅速發展，大有超過羅馬教會之勢。西元 381 年基督教第二次大公會議確定其地位在羅馬教會之下，在其他教會之上。但是，君士坦丁堡教會不滿足屈居於羅馬教會之下，位居基督教世界第二的地位，特別是在古都羅馬已經喪失其原有的政治文化中心地位後。西元 451 年第四次大公會議決定擴大君士坦丁堡教區的宗教管轄權，並明確承認君士坦丁堡教會享有與羅馬教會一樣的宗教特權。會議決議第二十八款指出：與羅馬教區「同樣的特權授予最神聖的皇都新羅馬，因為這個擁有皇權和元老院光榮並享有與帝國故都羅馬同等特權的城市理應在宗教事務中享有與其地位相符的權力」。由此，君士坦丁堡的地位得到了進一步提升，從而增加了與羅馬教會抗衡的實力。

　　而另一方面，羅馬教會在日耳曼民族遷徙造成的西歐世界的混亂中，不甘心接受其世界中心地位喪失的現實，於是打起「彼得教會」的大旗，堅持其在基督教世界中的最高地位。兩大教區在爭奪最高地位的鬥爭中各持一端，日趨激烈。羅馬教會利用君士坦丁堡教會與亞歷山大和安條克等東方教區的矛盾來達到自己的目的，君士坦丁堡教會則利用拜占庭皇帝控制和打擊羅馬教會。雙方都利用神學問題相互攻擊，就連細微的神學爭議都會成為兩大教區領袖借用的武器，從而演化為勢不兩立的信仰大戰。

　　當大教長約翰（582～595年在任）公開採用「普世的」教會時，羅馬主教格列高利一世（590～604年在任）立即加以否認，予從公開的抨擊，聲稱在上帝面前人人平等，任何教區都不擁有對其他教區的管轄權，自稱代表他人的普世的教會就是反對基督。

　　在毀壞聖像運動期間，雙方的鬥爭進一步加劇，導致了互不承認對方的合法性的地步。拜占庭皇帝決定由駐拉溫那的總督監管羅馬教會，並收回羅馬教區在西西里義大利南部地區的財政權等措施，這無疑是進一步加速了羅馬教會脫離拜占庭帝國的過程，兩大教會之間的距離越來越遠。當義大利北部倫巴德人進攻羅馬城時，羅馬主教立即向法蘭克王國尋求支援。

　　西元 756 年教皇斯德望二世（752 ～ 757 年在位）接受法蘭克王國宮相丕平的「獻土」，開始了行使其教俗君主權力結合的教皇權，而教皇利奧三世（795 ～ 816 年在位）在西元 800 年底為查理大帝的加冕標誌著羅馬教會最終脫離了拜占庭帝國的控制。拉丁教會和希臘教會不同的文化背景更使它們相互蔑視和仇恨，終於導致基督教歷史上的第一次公開大分裂。

　　西元 1054 年 7 月 16 日，教皇利奧九世（1049 ～ 1054 年在位）派往君士坦丁堡的特使宏伯特利用在東正教最高聖壇聖索非亞教堂作彌撒之機宣讀了開除大教長米哈伊爾一世（1043 ～ 1058 年在任）教籍的命令，指責「米哈伊爾及其追隨者」「犯有使用麵包做聖餐的錯誤和瀆神之罪」。米哈伊爾立即在宗教大會上反唇相譏，對羅馬特使及其有關教徒處以破門律，指控他們「如同野豬一樣來到聖城企圖推翻真理」。這一事件直接導致了兩教會的最後分裂。

　　基督教東西教會的分裂並不是一次事件就能促成的，而是雙方長期鬥爭的結果。此後，東正教和羅馬天主教分道揚鑣，分別沿著各自的道路繼續發展，在教義信條、宗教禮儀和組織制度等方面形成了不同的特點。兩大教會之間的對立因第四次十字軍攻占君士坦丁堡後，拜占庭居民與西歐騎士之間的矛盾衝突則進一步加劇，直至變得勢不兩立如同

水火。

在拉丁帝國統治拜占庭國家期間，各地東正教教會被羅馬教皇所控制，他們殘酷地迫害那些堅持東正教信仰的希臘信徒，致使東正教信徒紛紛流亡。但是，深刻的民族對立情緒和社會矛盾使大部分東正教信徒並未在強壓下屈服，他們拒絕承認羅馬天主教的信條，拒不承認羅馬教皇。他們認為教皇是第四次十字軍征服君士坦丁堡的幕後支持者。

西元 1207 年，拉丁帝國統治下的東正教領袖聯合致信教皇依諾增爵三世（1198 ～ 1216 年在位），明確堅持東正教信條，拒絕天主教信條，聲稱英諾森所要求的最高宗教領導權應歸基督教大公會議。

在拉丁帝國統治的半個多世紀裡，東正教教會一直採取不與羅馬教會合作、不承認教皇領導的態度，直到西元 1261 年帕列奧羅格王朝恢復拜占庭人在君士坦丁堡的統治。

拜占庭末代王朝統治的恢復迫使羅馬教皇改變了征服東正教的政策，採取了爭取聯合的政策，而帕列奧羅格王朝的皇帝們也希望得到教皇的支援，因此就聯合西歐其他國家的君主來粉碎西西里國王安茹的查理（1265 ～ 1285 年在位）領導下拉丁帝國的復闢陰謀。

皇帝米哈伊爾八世（1259 ～ 1282 年在位）首先提出東正

教與羅馬教皇重新合併的問題，主動派遣特使晉見教皇，表達其領導東正教歸順教皇的意願。

西元 1274 年 5 月 7 日至 7 月 17 日舉行的里昂會議則達成了兩大教會聯合的決議，米哈伊爾提前簽署了《聯合宣言》，並且承認教皇的宗主權，他的 3 名特使在會上宣誓服從羅馬教皇。但是，兩大教會由來以久的矛盾不可能以一紙宣言就可以解決，相反，它卻引起了東正教各階層的普遍反對。宗教儀式中的女祭司（現存法國巴黎的 400 年拜占庭象牙板雕刻）。分布在巴爾幹半島各地的東正教組織紛紛表示拒絕聯合，就連皇族內部也因此發生了衝突，米哈伊爾的妹妹尤洛基亞公主宣布與皇帝決裂，更有甚者內閣中最得力的大臣則成為公開的反對派。

實際上，帕列奧羅格王朝時期圍繞東正教與羅馬教會聯合的問題所進行的戰爭並不完全是為瞭解決兩大教會的宗教問題，而是有更深層次的目的，即為了其政治統治利益。因為衰弱的拜占庭國家根本無力抵抗巴爾幹和小亞細亞地區任何國家的入侵，尤其對新興的鄂圖曼土耳其人的擴張，更是力不從心。因此，拜占庭國家的皇帝米哈伊爾八世將獲救的希望完全寄託於西歐基督教國家。

我們看到的是，東正教的普通信徒對拉丁騎士的統治和民族仇恨仍然記憶猶新，他們當然不能接受統治者純粹出於

政治目的的宗教聯合。而拜占庭末代王朝卻深深地陷入兩大教會的聯合難題，不得自拔。

西元 1438 ～ 1439 年，在費拉拉 —— 佛羅倫斯舉行的兩大教會和解會議就是在這種重重矛盾對立的背景下召開的。拜占庭皇帝約翰八世（1425 ～ 1448 年在位）和大教長約瑟芬二世（1416 ～ 1439 年在任）親自到會，為爭取西歐國家的軍事援助而接受教皇提出的所有條件，包括承認羅馬教會在所有神學問題上的正確性和教皇在基督教世界的最高權威。但是，正像教皇早已喪失對西歐世俗君主的指揮權而不能組織援助拜占庭人的十字軍一樣，約翰八世根本控制不了東正教信徒的信仰，聯合宣言則引起了更強烈的反對，極端的反對派甚至認為土耳其蘇丹尚且允許東正教保持自己獨立的信仰，比剝奪其信仰自由的羅馬教會要好得多，這一爭論直到土耳其軍隊攻破君士坦丁堡之際仍在進行。

拜占庭的修道院

拜占庭修道院起源於基督教早期歷史上禁慾苦修的思想。修道院是東正教組織的重要組成部分，在拜占庭歷史上發揮了極為重要的作用。

3 世紀上半葉的亞歷山大教區教士俄利根是最早從事苦修自省的人，為了斷絕性慾，他自我閹割。被稱為「隱居修道之父」的安東尼（251～356 年）在埃及比斯彼爾沙漠中開創隱居修道生活的先例，他自願放棄優越舒適的家庭生活條件，進入人跡罕至的沙漠中苦修了整整 15 年，而後將自己關閉在空墓穴中 20 年左右。

修士們聚居在山上（如此蒂尼的奧林帕斯），住得越高越接近聖人。當時，羅馬帝國社會危機嚴重，人們朝不保夕，精神頹廢，避世思想流行，因此其事蹟傳出後立即引起了共鳴，吸引了大批的追隨者。他們效仿他的榜樣，居住在他的空墓穴周圍，聆聽他的教誨。但是，安東尼及其弟子並沒有建立修道組織，他和弟子之間也只是保持著精神和道德上的關係。而後，在發展起來的埃及各地興起的眾多隱居修道中心逐漸發展起修道團體。最早的修道團體出現在埃及尼特利亞和塞特沙漠的修道士中。他們三五成群分散居住在沙漠的簡陋茅屋中，只在禮拜六、禮拜日的時候集中舉行禮拜儀式，由德高望重的年長者擔任領袖，聚會時主要以討論《聖經》和神學問題。

被稱為「活的拜占庭博物」的阿索斯聖山修道院的東正教修道士在集體用餐。對拜占庭修道制度影響最深的是埃及南部的教士帕霍繆斯（290～346 年）。他年輕就開始過隱修生

活，但他以切身經歷深感單獨苦修對隱士帶來的諸多危險，他感到個人單獨隱修反而不利於在精神上的修養，於是便開始將周圍的修道士組織起來，在塔比尼西建立了第一所修道院，不久就聚集了數量不少的修道士。

最初的修道院由若干建築組成，每所建築集中了大約30～40名修道士，再由──位長者統一管理，平時從事祈禱、瞑思、詠詩和力所能及的體力勞動。這種修道方式，很快就為大多數的修道士接受並推崇，帕霍繆斯修道團的人數急劇增加，西元345年時發展成為九所男修道院和兩所女修道院，初具規模。

拜占庭帝國統治時期，埃及修道生活的風氣極盛，有的城市修士修女甚至達數萬人。這種風氣又從埃及迅速傳入巴勒斯坦和敘利亞，並在加薩、約旦、尼西比斯等地的修道中心也孕育而生。大小不等的修道院到處出現，修道士的組織方式和修道生活制度也變得越來越多樣起來。

在加薩出現了單獨隱居和集體共同修道相結合的方式，這種修道方式非常靈活，稱為「拉烏拉」。它是由中心修道院和分散隱居點組成的修道團體，修道院院長為領袖，平時修士們單獨祈禱、冥思或從事手工勞動，禮拜末集中舉行禮拜儀式。但要加入「拉烏拉」還是有一定的程式的：年輕的修道士首先需進入修道院修行鍛鍊三年，經考核獲批准後方

可成為隱修居士。這種修道方式和隱居與集體修道同樣堅持
「禁慾、守貧、服從」三原則，但是由於集體修道具有許多優
點，所以成為主要的方式，而隱修獨居因其更加艱苦而更受
敬重。

沙漠中的修道院同時，各地還出現了極端的苦修派別。
他們放棄自然修道，認為在肉體能夠忍受的限度內修道還不
能達到最高的境界，因此採取諸如長期齋戒、長期不眠、嚴
格避世、自我鞭打、自我殘害等方式，以求達到修行的最高
境界，但這派的修道方式並沒有能夠廣泛流傳。

埃及、巴勒斯坦和敘利亞等地流行的單獨修道風氣則在
向北方傳播的過程中受到了寒冷天氣的不利影響，因此集體
修道成為主要的方式。

隨著集體修道生活的發展及修道隊伍的不斷擴大，逐漸
形成了影響極為深遠較為完備的修道制度。

巴爾西（329 ～ 379 年）被認為是完整修道制度的制定
者。在君士坦丁堡和雅典接受過系統教育的巴爾西，後來受
到他的姐姐馬克利娜居士的影響而進入了小亞細亞的安尼斯
修道院。為了制定修道生活法規，他先後遊歷了埃及、巴勒
斯坦和敘利亞等地，考察各地的修道生活方式，形成了比較
完整的修道理論。

　　巴爾西認為單獨隱居修道生活不符合人的社會性，不利於個人修行，因為如果沒有穩定的社會施捨環境，大部分單獨隱修的居士會因實際生活困難而影響精神上的修道，所以不宜提倡。根據考察的結果，他認為集體修道是最佳方式，但是，埃及等地修道院的人數多，不利於修道院院長指導修煉，安排生活，因此應限定各修道院的人數。他制定的修道生活制度相當完善，以致於細化到了例如修士每天祈禱、學習、勞動、飲食和睡眠的時間比例，服裝的樣式，修道院必須建立的紀律，等等。

　　查士丁尼一世時期注意立法工作，其法典以前述巴西爾制定的修道制度為依據，對修道生活的意義和細節作出了相關規定。法典指出：「修士從事靜思苦修的修道生活是神聖的事業，它使人的靈魂與上帝相通，不僅為修道的人服務，也對所有人有益。」

　　法典具體規定修道院的作息時間，修士的居住條件，要求修道院必須以高牆圍築，由可靠的年長者管理，看守大門，不經院長同意，任何人不得擅自出入；還要求男女修道院必須分開等等。有了強有力的國家法律做保障，東正教修道制度逐步完善。而《查士丁尼法典》亦成為此後拜占庭東正教修道生活的統一標準。

　　東正教修道制度有了統一的標準，它在拜占庭帝國歷史

上發揮的作用也越來越明顯，作為政教合一的國家，修道制度的作用首先表現在政治生活中。

　　修道院雖然是避世隱居思想的產物，但是作為東正教重要的組成部分，修道士並非始終遠離世俗生活，特別是在有關東正教神學教義的爭論中，修士們或是自覺主動或是被迫捲入戰爭。在教俗兩界統治集團的戰爭中，修士們基本上站在教會一邊。因為對於他們來說寧可暫時放棄修道院的平靜生活，由皇帝主持辯論，一方是由民塞福魯斯主教（在他左邊）率領，擁護聖像的主教；另一方是準備去掉基督聖像的、主張破壞聖像的主教。不能坐視他們所認為正統的教義和純潔的真理被世人曲解。例如在拜占庭皇帝反對一性論的鬥爭中，成千上萬的修士一改平常的平和安靜，走出修道院，積極參加抵制皇帝法令的暴力活動，他們以絲毫也不亞於普通訊徒的殘酷手段將反對派主教活活毆打致死。例如著名的修士達尼埃爾在篡位皇帝普里斯庫斯（475 ～ 476 年在位）因一性論問題與君士坦丁堡人民發生衝突時，毅然離開他長期居住的石柱，被民眾抬到聖索非亞教堂，勸說皇帝改正觀點。再如，伊拉克略一世統治時期的修士馬克西姆（580 ～ 662 年）公開反對皇帝提倡的「兩性一意」理論，因此遭到嚴刑拷打和流放，但是他始終不改變觀點，從而成為著名反對派的精神領袖。正是由於修道士在拜占庭帝國政治生活中發揮的

巨大作用並對皇權構成威脅，使得世俗君主極端的恐懼。

除了對帝國政治生活的巨大影響，東正教修道制度對拜占庭文化的積極作用也值得重視。修道院相對安定的生活環境，為文化水平普遍高於普通訊徒的修士修女從事宗教文化藝術活動提供了契機和良好的環境。而那些具有天賦的修士修女們正是在修道院的聖像畫裝飾藝術中盡情地發揮、展示他們的才華，他們用美麗的壁畫和鑲嵌畫裝飾教堂和飯廳的牆壁，以精巧的插圖點綴珍貴的古代手抄圖書；也是在修道院的手工作坊裡，心靈手巧的修道士有足夠的時間精心製作各種貴重的金銀寶石工藝品；還是在修道院幽靜的書齋裡，沒有衣食憂慮的修士能夠將他們冥思苦想的思想成果寫成不朽的文史作品；而修道院相對封閉的圖書館也成為古代文化作品的天然收藏地。

毀壞聖像運動

毀壞聖像運動是 8、9 世紀拜占庭教俗統治集團發動的禁止使用和崇拜聖像的社會鬥爭。這場運動以涉及面廣、影響極大而著「宗教衝突」（現存羅馬的 5 世紀拜占庭鑲嵌畫）。稱。學者們以這場運動標誌當時的歷史，稱運動發生的百餘

年為「毀壞聖像時代」。它是中期拜占庭歷史上的重大事件之一。

「基督像」(現存義大利佛羅倫斯國立博物館的 12 世紀鑲嵌畫) 毀壞聖像運動的發展過程極其曲折，這場運動以皇帝利奧三世 (717 ～ 741 年在位) 在西元 726 年夏季頒布的《禁止崇拜偶像法令》為開端，至西元 843 年幼帝米哈伊爾三世 (842 ～ 867 年在位) 統治時期，攝政皇后狄奧多拉頒布反對毀壞聖像的《尼西亞法規》為止，一共持續了 117 年。

在這 117 年裡，毀壞聖像運動經歷了兩個階段。從西元 726 年到西元 812 年為第一階段。其間，利奧三世發起的毀壞聖像運動引發了波及社會各個階層和各個角落的有關如何對待聖像的爭論。狂熱的基督教教徒紛紛以各種形式反對發起毀壞聖像運動的統治者其中不乏流血事件的發生，民眾起義也是此起彼伏。西元 730 年，利奧三世召開宗教大會，撤換了反對毀壞聖像的大教長日耳曼努斯，代之以擁護毀壞聖像的大教長阿納斯塔修斯，並制定了有關的宗教法規，為毀壞聖像運動提供了宗教理論上的依據。

利奧三世死後，他的兒子君士坦丁五世 (741 ～ 775 年在位) 繼位，毀壞聖像運動隨即進一步升級。君士坦丁五世使這場運動的教義之爭演化為對崇拜聖像者的迫害，由此引起了全社會的動盪。君士坦丁五世下令人人宣誓不得崇拜偶

像，焚燬了大量的聖像藝術品，並且使用石灰水清除教堂內的聖像壁畫，甚至還處死反對派的高階教職人員，關閉由他們控制的修道院，沒收修道院的財產，強迫修士修女還俗。世俗皇帝這一過激的行為促使羅馬教皇最終擺脫了拜占庭皇帝的控制，在法蘭克國王矮子丕平的支援下，建立起了教皇國。

毀壞聖像運動到了君士坦丁六世（780～797年在位）繼位之初卻發生了重大轉折。以攝政皇后伊琳娜為首的反對毀壞聖像者占據有利形勢，大舉反攻倒算，不僅全面廢除了以前歷代皇帝毀壞聖像的法令和宗教法規，而且反過來對參加毀壞聖像運動的教俗人士進行大肆迫害。

聖母和聖嬰像西元787年召開的「尼西亞宗教會議」公開反對毀壞聖像，下令人人崇拜偶像，並規定世俗君主無權干涉教務。毀壞聖像派的勢力一度銷聲匿跡，直至米哈伊爾一世（813～820年在位）退位。

毀壞聖像運動的第二階段開始於皇帝利奧五世（813～890年在位）的繼位。利奧是毀壞聖像派的堅定支持者，他以君士坦丁五世為榜樣，重新推行前代毀壞聖像派皇帝頒布的法令，廢除了西元787年尼西亞基督教會議的決議，並開始新一輪對反毀壞聖像者的迫害。大批主教和教職人員或被解除教職，或被監禁和流放。這種迫害到狄奧斐盧斯一世

（829 ～ 842 年在位）統治時期又有新的發展，反對派的教士被施以酷刑。

直至狄奧斐盧斯之子、年僅六歲的米哈伊爾三世繼位時，攝政皇后狄奧多拉重申崇拜聖像教義，全面復闢，重新頒布反對毀壞聖像的《尼西亞法規》，同時她再次確立皇權對教權的控制和對教會事務的干涉權。為了平息因毀壞聖像運動引起的社會動盪，她實行宗教安撫政策，為過去因這一運動受到迫害的教俗人士平反，從而使這場在拜占庭帝國持續了長達 117 年之久的浩劫宣布結束。

毀壞聖像運動有著長期的宗教教義爭論的基礎，可以說它是基督教神學和哲學力圖擺脫猶太教和古典的希臘羅馬哲學，並最終形成獨立的神學體系的結果。毀壞聖像運動的發起，有著深刻的宗教政治及經濟等各方面的歷史和現實原因，其中的利害關係極為複雜。

拜占庭壁畫 —— 聖母與聖子。長達一個多世紀的破壞聖像運動，在拜占庭國家政治、經濟、文化、藝術方面都留下了深刻的影響。

毀壞聖像運動給帝國的政治和軍事領域帶來了最直接的影響，我們甚至可以說這一運動是宗教統治者和世俗統治者之間政治鬥爭的結果。如此一來掌有軍權的世俗皇帝必然會

為了自己的利益發動武力來鎮壓狂熱的聖像崇拜者，而在教會內部也存在兩股相互對立的勢力，他們水火不相容，爭鬥也在所難免；在世俗君主之中不乏支援崇拜聖像的一群人，他們所發起的反攻倒算也不甘示弱，毫不亞於毀壞聖像運動的手段，他們對毀壞聖像派教士大肆迫害。

毀壞聖像運動在軍事方面的影響是與其政治影響緊密聯絡在一起的。早在毀壞聖像運動爆發以前，帝國各地教會對如何對待聖像問題就有兩種意見，其中西方省區支援崇拜聖像，而東方省區則相反。英明的拜占庭世俗統治者利用了毀壞聖像的主張穩定了東部軍區的軍心，鼓舞了士兵計程車氣，從而使得拜占庭軍隊在東部前線節節取勝，成功地實現了當時的軍事進攻和戰略目標。

毀壞聖像運動還成功的遏制了教會產業急劇膨脹和有效的防止國家人力資源的流失，在帝國經濟方面產生了重要影響。世俗統治者面對經濟實力甚至雄厚於自己的教會，特別是在帝國連年戰爭、瘟疫不斷、人力資源消耗嚴重、國庫入不敷出的情況下，借毀壞聖像運動之機，透過頒布法令，有效地實現了從經濟上打擊教會的目的，大幅增加了國家的稅戶和收入。

毀壞聖像運動在拜占庭文化發展過程中也發揮了重要作用。此間，雖然有大批教堂修道院和一些早期宗教藝術作品

被毀滅，造成了不可估量的損失，但是，世俗風格的民間藝術卻得到了充分的發展實現了世俗藝術和宗教藝術同時發展、同時繁榮的局面。這一時期，是阿拉伯帝國在軍事上趨向於衰弱而文化上趨向於發達的時期，拜占庭和阿拉伯文化有了經常的和平交流，從而在拜占庭和阿拉伯伊斯蘭文化區同時出現了西方所不能達到的文化藝術繁榮。這種文化藝術繁榮為後來西歐的文藝復興運動準備了豐富的第一手資料。

尤利安復興異教

在基督教的勝利和異教的衰亡過程中，最值得關注的還是君士坦提烏斯皇帝的侄子尤利安（361 ～ 363 年在位）復興異教活動的失敗。尤利安的父親與君士坦丁皇帝是親兄弟，他的父母早亡，幼年時受過嚴格的古典教育，對他的一生有重要影響的一位導師是著名的希臘文學和哲學學者馬鐸尼斯；著名的阿里烏派主教是他的聖經教師。因此，他同時接受了古典哲學和基督教的經典教育。雖然他年輕時已經接受了基督教洗禮，但他所受的基督教教育只是為他提供了一層保護自己真實信仰的外套，他骨子裡卻是完全的「異教」徒。

許多篡權來自武裝暴動，還有的篡權是在皇宮的密室中

醞釀陰謀的結果；於是，篡權成為高官或者凱覦政權的皇族成員的拿手好戲。皇帝有時被暗殺，更多的是眼瞎了，被打發到修道院裡。在君士坦提烏斯（337 ～ 361 年在位）掌政後期，這位皇帝非常害怕自己的親人覬覦自己的皇位，因此將有資格繼承自己皇位的親屬都殺害了，尤利安是惟一的倖存者。於是，尤利安的整個青年時代都籠罩在死亡和恐怖的陰影中，他完全聽命於君士坦提烏斯隨意地擺弄。他時而被流放到遙遠的邊疆省份，時而被調進君士坦丁堡受到君士坦提烏斯的嚴密監視。但是，這並沒有能阻止尤利安在流放地研習古典希臘文化鉅著。在這方面，當時著名的修辭學者、希臘文化運動的代表、卡帕多奇亞人馬鐸尼斯對他影響頗深。在他的同父異母兄長仍盧斯被君士坦提烏斯殺害後，尤利安被流放到雅典，更多地接觸了柏拉圖的學說。這些經歷對他後來狂熱地恢復古典宗教的行為有著重要的影響。

西元 355 年，君士坦提烏斯正式封尤利安為凱撒，將自己的妹妹許配給他；並派尤利安去高盧抵抗步步進逼帝國領土的日耳曼人。尤利安在阿根托拉圖姆也就是今史特拉斯堡取得了對日耳曼人的勝利後，駐軍於巴黎塞納河上的小城盧特提亞。尤利安憑著自己的赫赫戰功，贏得了士兵們的尊敬和愛戴。君士坦提烏斯擔心尤利安的權力太大，於是在西元 360 年的冬天命令他率領其最好的兵團向波斯前線增援。

而這樣一來尤利安則順理成章地成為整個帝國都承認的奧古斯都。

西元 361 年，尤利安眾望所歸地繼承王位。尤利安成為帝國主宰之後不久，就立即把他恢復異教崇拜的政策付諸實施。他透過頒布法令的方法來強化他所崇尚的信仰，宣布異教神廟必須全部開放，人們對眾神的獻祭活動也必須恢復。但是這時的君士坦丁堡的異教神廟已經不復存在了，一些獻祭敬神活動只好在基督教教堂進行。尤利安的倒行逆施，引起了許多基督教徒的反對。但尤利安不以為然，頑固地實行自己的既定政策。尤利安充分地認識到，在基督教的優勢地位已經基本穩定的前提下，自己不可能完全恢復那些早已經被剷除的異教神廟和神像以及祭拜儀式，他能做的就是使異教崇拜儀式能與基督教的崇拜儀式相競爭。

因此，他將基督教中的許多組織原則引入多神崇拜中，如他按照基督教的教階制制定了異教眾神祭司的級別；按照基督教教堂的內部裝飾模式來裝飾他的羅馬眾神殿；將基督教在會堂內講經傳道的方式引入羅馬多神崇拜中，甚至將基督教中信眾們唱聖詩的傳統也引入了異教崇拜中；他還要求異教神殿的祭司們像基督教主教們那樣過禁慾的生活，違背聖規者也以開除教籍作為最重的懲罰等等。

實際上尤利安所致力於恢復的羅馬多神崇拜，就是基督

教化了的異教。

尤利安在即位之初，就打出了宗教寬容者的旗號，實際上就是為他的異教政策服務，而對於基督教信徒這樣的寬容令他們消受不起。尤利安釋出了一些赦令，召回原被君士坦提烏斯流放的基督教異端派。他還推行了鼓勵人們脫離基督教會的政策，使盡各種辦法誘惑人們脫離基督教會，以此瓦解基督教會的力量。不久，基督徒們就紛紛被排斥於他們本來工作的政府部門之外。君士坦提烏斯時期制定的軍旗符號旗上有基督二字的希臘文字頭也被取消不用，士兵們盾上的十字也被異教眾神的符號所代替。

更過分的是尤利安下詔：基督教教徒不得參與教育工作。他認為，這些不信仰古典宗教的人們，無權在課堂上講授荷馬和海希奧德、狄摩西尼、希羅多德等人的作品。這就等於變相的宣布，在帝國範圍內擔任教師者，如果不放棄基督教，將失去其基本的生活來源；這也就意味著，基督教徒的子女也不能去這樣的學校唸書。

因此，這一舉動不僅受到了基督教徒的抵制，就連一些異教學者，如阿米亞努斯、馬賽林努斯等，也對這些政策感到不滿。之後，一些專門為基督教徒學齡兒童使用的啟蒙教材問世，由此在拜占庭文化發展史上又增添了新的一頁。

尤利安的為所欲為在各地人們心中引起了更深的不滿，這在他西元 362 年視察東方各省時表現得尤為突出。這位皇帝處處受到冷落，沒有看到他想象中的鮮花、儀仗隊，也沒有歌聲和歡笑，只是在他即將拜祭的安條克城郊達福尼阿波羅神廟前，有一位祭司懷抱著一隻從他自己家裡捉來的鵝，在等待著皇帝的光臨。不久，就發生了達福尼神廟失火事件。惱羞成怒的尤利安開始改變其對基督教徒的「寬容」態度，下令關閉各地的教堂。安條克的基督教堂內的珍藏也被洗劫一空，帝國境內的其他教堂也遭到厄運。與此同時，基督教徒也組織起來破壞異教殿堂，反抗尤利安的暴行，形勢變得日益嚴峻起來。

不久，尤利安在向波斯遠征的途中被暗殺。由於尤利安在位期間所實施的一系列措施並不得人心，所以在他死後，他所致力恢復的異教也無人再去扶持，基督教隨即又恢復了原有的地位。尤利安恢復異教活動的失敗深刻地證明瞭歷史已經前進，社會已經發展，任何以一種行將死亡的意識形態來挽救世界命運的倒行逆施者都只能被歷史的車輪碾得粉碎。古典世界的滅亡和基督教的勝利同樣是不可避免的。

宗教習俗

　　拜占庭基督教有一些獨特的宗教習俗，如護身符、偶像崇拜、聖餐、生命傳接儀式等。透過這些宗教習俗，我們可以更好地瞭解拜占庭人的社會與宗教生活。

✦ 護身符

　　護身符的習俗來自於拜占庭人對鬼怪的畏懼。拜占庭各階層的人都普遍相信世上存在著鬼怪，認為它們是墮落的天使，橫行世間，引發災難。許多人間不幸都被認為是鬼怪造成的，從疾病到饑荒、風暴和莊稼欠收，無不是由鬼怪引起。

　　拜占庭人為了保護自己，各種基督教武器都用上了，包括香、神像、聖水、十字架、聖經和祈禱。而最受拜占庭人喜歡的驅鬼方式是佩戴聖物護身符。

　　護身符上裝飾著各種形象，其中有基督、聖母以及宗教聖人，他們的形象最終取代早期的非基督教人物，被人們用鏈子掛在脖子上。它們的保護價值與製作材料的價值有關，因為許多護身符同時還是昂貴的珠寶飾品。它們的魔力可以靠在其中放置小小的聖物來提高，信徒們經常會把他們認為

的真十字架的碎片、殉教者的血或聖人墓裡救治人的土裝在隱藏在護身符中的小洞內，這些東西會保佑他們不受遊蕩在世間的看不見的鬼怪的傷害。

✦ 偶像崇拜

偶像在反對者的眼裡，是一種違背舊約禁止「雕刻像」規定的偶像崇拜。但偶像崇拜的支持者卻認為，偶像只不過是天國的視窗，是祈禱的工具，是接近上帝的途徑。

偶像一詞來源於希臘語「肖像」，它描繪的是聖人和聖事。大部分刻在木頭上，也可以用琺瑯、象牙或貴重金屬雕刻，還可以製成鑲嵌畫。有些偶像很小，可以手提；有些是巨幅畫像，用來裝飾教堂。

自 4 世紀起，這些聖物已成為拜占庭公共和私人禮拜的必需品。在 —— 些特殊的場合，人們拿出它們供拜，並拿著它沿城牆走一圈，以保護居民。在教堂或在個人家裡，虔誠的人們在偶像前點起蠟燭、焚起香爐，透過偶像向上帝傳達他們的祈禱。

到 8 世紀早期，經過一場地震和穆斯林對君士坦丁堡的一系列進攻後，皇帝利奧三世相信上帝被使用偶像激怒了。於是，便發生了前文所述的「毀壞聖像運動」。在近一個多世

紀的時間裡，偶像崇拜一直被禁止。

最後由攝政的狄奧多拉皇后結束了這場爭端，西元 843 年，教會用東正教節日慶祝恢復偶像，人們搬著聖物走過君士坦丁堡大街，運到聖索菲亞教堂。東正教至今每年都還在慶祝這一事件。

✦ 聖餐

東正教的宗教儀式大多在很富戲劇性和令人心生敬畏的場合舉行。對許多虔誠的教徒來說，這些宗教儀式甚至讓人惶恐，教堂裡香火繚繞，神像在盯著人看，彷彿可以觸控到上帝的存在 —— 這種感覺在舉行聖餐慶典時尤甚。

聖餐雖然只是一種進餐儀式，但這種儀式卻被看成是建立基督與其信仰者之間精神與肉體的結合神聖的宗教禮儀。和西方人一樣，拜占庭人認為聖餐中的麵包和葡萄酒是基督的身體和血液，吃了聖餐，信徒就等於和基督一起分享十字架上戰勝死亡的快樂。

聖餐的舉行過程是非常嚴格的，儀式開始時，一位副主祭手持福音書緩步走過教堂中殿。然後是朗讀聖經，領唱讚美詩，眾人齊呼「哈利路亞」，聖壇上的一位祭司獻祭麵包和葡萄酒。然後這位教士從聖像屏帷的開口處走進去，聖像

屏帷畫有基督像和聖母像，是用以分割聖壇和教堂其他部位的屏風。「誠惶誠恐地走近上帝。」教士大聲說，向前舉起聖餐杯。

但對有些集會者來說，惶恐的成分要比誠意大，因為他們認為自己沒有資格接近上帝，能坐在座位上感受上帝的垂愛就足夠了，更別提接受基督身體和血液的獻禮。

✦ 生命傳接

東正教儘管和皇室有諸多聯絡，但在普通拜占庭人的生活中也占據了中心位置。基督徒從生到死，一生中的大事都嚴格由教會組織慶典和儀式加以紀念。

拜占庭的嬰兒出生不久，就要接受洗禮 —— 在聖水器裡浸泡三次 —— 代表著被教會接納。儀式後，大家一起吃聖餐。然後由一隊親戚朋友，手舉燃燒的蠟燭，唱著讚美詩，把嬰兒帶回家裡。

除非一個人宣誓為僧，否則結婚儀式便構成其生命中的下一個宗教傳接。結婚那天，新郎和戴著面紗的新娘接受牧師的祝福，頭戴婚冠，互換戒指。然後由手持火把的遊行隊伍在音樂的伴奏下，陪伴新娘來到新郎家裡。新娘到家後揭開面紗，招待客人參加婚宴，而後新人進入洞房。

基督教葬禮是拜占庭人的最後一個傳接儀式，有雙重意義：它既是向死者告別的儀式，同時也是幫助死者的靈魂升入天國的必不可少的儀式。婦女們為死者整容後，屍體被抬到家中的躺椅上，面朝東，向著耶路撒冷，手中握著一個聖像。這時候，哀悼者痛苦悲傷，為死者唱起讚美詩，以求他的靈魂不受鬼怪侵擾。守夜過後，死者被人們抬著最後在塵世走過。人們抬著死者走向公墓，沿途路兩邊點著燈、燒著香，以驅除野鬼。

肩負傳教使命的兩兄弟

西元 862 年，摩拉維亞大公拉斯迪斯夫要求君士坦丁堡派出教師，並要求用斯拉夫人的語言講授基督教的真義。皇帝米海爾三世清楚地認識到這對於拜占庭來說是一個絕好的機會，他也抓住了這一機會。這一機會不僅能傳播東正教的教義，而且能毫不費吹灰之力的將拜占庭的政治影響擴充套件到斯拉夫人的土地上。另外，米海爾有這一工作的絕佳人選，他們是兄弟倆，都是卓有成就的年輕學者、神學家和語言學家，歷史上稱為聖西里爾和聖美多德。

兄弟倆早在出使黑海東北部地區的阿布哈茲人時，就已

名聲在外。西里爾和美多德將外交和傳教結合在一起，建立起拜占庭和阿布哈茲之間的良好關係。他們到斯拉夫也是不負眾望，傳教很稱職，因為他們是在希臘東北部的塞薩洛尼基長大的。

米海爾說：「所有塞薩洛尼基人都講純正的斯拉夫語。」但斯拉夫人沒有自己的書面語言。西里爾經過不懈的努力，為斯拉夫人發明瞭 —— 種文字，主要是基於希臘語，現代西裡爾字母就是以他的名字命名的。他們給斯拉夫人帶來的不僅是基督教，還帶來了文化。可以說，他為斯拉夫人做的貢獻是不可估量的。

拉斯迪斯拉夫和他的人民熱忱地歡迎來自拜占庭的兩兄弟，他們開始在今天的捷克共和國和斯洛伐克共和國傳教，建造教堂和學校，並將聖經翻譯成斯拉夫語。但並不是所有人都為他倆的成功感到高興。許多年來，德意志的傳教士們一直想讓東南歐洲的斯拉夫人皈依基督教，但他們恥於使用斯拉夫人的「野蠻語言」，只能用摩拉維亞人聽不懂的拉丁語傳教，所以收效甚微。德意志人控告這兩個拜占庭傳教士不是使用 3 種公認的語言 —— 希伯來語、希臘語或拉丁語 —— 傳播福音。西里爾對他們的控告痛加駁斥：「上帝的雨露難道不是平等地灑在每個人的身上嗎？陽光難道不是普照眾生嗎？」他反問那些德意志傳教士：「你們僅僅允許講 3

種語言，致使其他民族和部落處於又聾又啞的狀態，難道不覺得羞恥嗎？」

在摩拉維亞人中間，西里爾和美多德斯繼續用斯拉夫語舉行彌撒，訓練當地的傳教士，並在西元 868 年在羅馬教皇那裡為自己的行為成功地進行了辯護，以至於教皇也為他們的成就所感染，竟允許他們在聖彼得教堂用斯拉夫語主持宗教儀式。不幸的是，西里爾第二年就去世了，他的弟弟美多德斯回到摩拉維亞又做了 16 年傳教工作。但當美多德斯在西元 885 年去世後，拉斯迪斯拉夫的繼任者卻將其追隨者從這個國家驅逐出去。他們轉移到鄰國保加利亞，因為它的君主鮑里斯非常渴望得到這樣的人。保加利亞人接受了西里爾和美多德開創的斯拉夫文化傳統，並藉此將拜占庭基督教遠播到其他斯拉夫國家，包括波希米亞、塞爾維亞、馬其頓和新興國家基輔與俄羅斯。

新羅馬 —— 君士坦丁堡

與眾不同的城市

　　君士坦丁堡經歷過迅速而異乎尋常的成功，尤其是當拜占庭帝國失去像安條克、亞歷山大等東部大城之後，它就成為帝國惟一的奇觀。事實上，帝國的其他城市如泰薩洛尼克、以弗所、特雷布宗雖然常有市集，擁有三四萬人口，經濟上也占有重要性，但與君士坦丁堡相比就顯得微不足道了。

　　君士坦丁堡能有如此成功還應歸功於他的始創者——君士坦丁，因為他很合適地選擇了古拜占庭位置。這座城市處於分隔馬爾馬拉海和黑海的博斯普魯斯海峽西岸入口處，因此，它處於東方與地中海和歐亞兩洲之間海陸交通的匯合點。優越的地理條件，使它很快成為來自世界各地的商人的匯聚地。

　　為了強調新建立的君士坦丁堡是羅馬帝國的新都城，君士坦丁皇帝將它稱為「新羅馬」。事實上，君士坦丁堡幾乎就是古羅馬城的翻版，它的城區格局和全部的建築物幾乎完全按照羅馬的模式。君士坦丁堡模仿古羅馬城，將其城區劃分成七個君士坦丁堡復原圖地區，稱之為「七丘」，在此基礎上又劃分出 14 個區；君士坦西丁堡也同古羅馬城一樣將第二區命名為「托普卡匹」，也將政治中心設於此；古羅馬城的皇宮

與競技場相鄰，君士坦丁堡也做了相同的規劃；甚至連城市的管理體系和巡夜、消防組織的人數都與羅馬城相同。君士坦丁皇帝為了安撫他的臣僚們，還修建與羅馬城相差無幾的元老住宅，豪華依然。遷都後的拜占庭長期保留了他們在古羅馬城使用的拉丁語官方地位，儘管在新都城中真正懂得拉丁文的人並不多。

隨著帝國統治中心的東移，最後轉移到了新羅馬 —— 君士坦丁堡城，它逐漸取代古羅馬城，成為拜占庭帝國新的政治、經濟、文化中心，同時由於其優越的地理條件，不久，君士坦丁堡就成為亞歐大陸上最為繁榮昌盛的都市。

難以攻陷的圍牆

君士坦丁建造了第一道占地面積為 750 公頃的海陸圍牆。從 5 世紀初起，由於人口迅速增長，有限的圍牆顯出了不足，於是又向西擴充套件，因此，狄奧多西二世將防禦面積擴大到兩倍而且還加固了海岸。至於陸地圍牆，他設計了雙層結構。在土耳其人用上火炮之前，圍牆可以說是堅不可摧，惟一的危險就是叛變或地震。人們的擔心並不是多餘的，甚至就在狄奧多西二世生前的 447 年 11 月 7 日和 448 年

1 月 6 日的地震就坍塌了城牆和 394 座塔中希臘塞薩洛尼基發現的拜占庭古城牆的 57 座；但是，由於「上帝之鞭」阿提拉的威脅而變得緊急的修復工作卻只花了 60 天就完工了，而且，再也沒有比之更嚴重的地震威脅過它們。靠馬爾馬拉海的城牆有 8 公里長，靠「黃金角」海灣的有 7 公里長，靠陸地的一邊有 6‧5 公里長。

但是，儘管海岸城牆有 12 米到 15 米高，仍顯得很矮小。因為，城牆後清晰可見大片公共建築群、宮殿、賽車競技場，尤其還有教堂的穹頂，其中最高的是聖索菲亞大教堂的穹頂。這 4 個建築物面向一個大廣場 —— 奧古斯都大廣場，它是君士坦丁堡的市中心。在東邊，元老院上有穹頂，前有柱廊，全由白色大理石鋪成，儘管它在 7 世紀初就失去了政治上的作用，但還是保持著那種象徵性意義。元老院後面是大皇宮，面向奧古斯都廣場是一幢緊閉著黃銅大門的建築物「沙爾塞」。6 世紀，建築物之上的君士坦丁像被換成了基督。在 726 年取下聖像的時候，利奧三世發起聖像破壞運動，激起了強烈的騷亂。

賽馬

　　在奧古斯都廣場南部，由君士坦丁建立的、與首都同時誕生的賽車競技場，從一開始就在君士坦丁堡人民的生活中扮演著重要的角色。它模仿羅馬圓形大競技場而建，木製看臺直到 10 世紀才換成大理石的，能容納 3 萬到 5 萬觀眾。君士坦丁堡人依舊從羅馬繼承了對賽馬運動的激情，首都民眾無論貧富都有觀看馬車比賽的傳統，即使停發公糧時，賽馬運動仍然能吸引大批的觀眾。駕車者的雕像被刻在紀念章上或浮雕玉石上在民間流傳。直到 12 世紀，凡是節日慶典、皇家誕辰或慶祝勝利，君士坦丁堡都少不了這項賽事。5 月 11 日的比賽是最重要的。4 輛四馬二輪戰車必須跑完 7 圈，競賽在上、下午各舉行 4 次。

　　皇帝在賽馬場觀看比賽賽馬活動要提前多日準備，而且有嚴格的程式規則。首先要得到皇帝的批准，再由執政官和市長確定比賽日期，而後張榜公布，在藍、紅、綠、白各賽車協會組織觀眾和拉拉隊的同時，參賽者也開始報名。比賽用馬統一在大皇宮餵養，以防被對手動了手腳。比賽當日，數萬觀眾紛紛進入競技場，而後皇帝及貴族們進入賽場包廂，人們要向皇帝致敬，賽事組織者和市長要向皇帝彙報準備情況。——切就緒，皇帝在祈禱三次後，將一方白色手帕

扔下，比賽開始了。全場——片沸騰，所有的馬車都為兩輪4馬，在寬60米、長480米的環形跑道上賓士，決一雌雄。每場比賽的獲勝者，將得到勝利桂冠和參加複賽的資格。婦女一般禁止觀看比賽，個別貴族女青年只能到附近教堂的頂樓上觀看比賽。每場比賽還配有各種形式的文藝節目，觀看比賽無需買票，因此許多下層民眾也能享受這種娛樂，這為賽馬的流行奠定了基礎。

皇帝塞蒂姆——賽維爾時期的賽車競技場賽馬這一項日常娛樂活動與政治存在著千絲萬縷的關係。賽車競技場與大皇宮之間相通。皇帝坐在看臺中間的包廂裡，周圍是元老和高官顯貴。藍黨坐在右邊，綠黨坐在左邊，沒在區裡註冊的觀眾坐在剩下的階梯上。皇帝進場時首先向兩黨之一致意，在他登基時通常就已經選好了藍黨，以後也往往是這樣。這種偏愛表示並非沒有導致政治上的後果，甚至宗教上的後果，因為藍黨一般因襲傳統，信奉東正教；而綠黨愛鬧事，通常更具敵對性，擁護耶穌單性說。賽車競技場在政治生活中也發揮著作用。通常人們就在那裡頌揚新君主，在那裡皇帝與人民對話並參與他自己感興趣的一切活動。例如在766年發生的聖像危機中，修士修女們被迫脫下教服，並且兩個一行，一男一女，手牽手走完跑道。

在最早的幾個世紀裡，賽車競技場還是兩個敵對黨派激

烈衝突的舞臺。一般來說,當他們的聯盟給皇權帶來危機時,他們的相互敵對也就讓皇權從中獲益。其中 532 年爆發的尼卡起義就是很典型的倒退:在藍黨和綠黨聯合的威脅之下,查士丁尼全憑著皇后狄奧多拉的冷靜和他的將軍貝利澤爾的決斷才保全了王位。貝利澤爾終於把兩黨逼到賽車競技場,將他們關在裡面進行大屠殺。

聖索菲亞大教堂

奧古斯都廣場的北面與賽車競技場相對的是高大莊嚴的大教堂,它就是由特拉勒斯的安特米烏斯和米利都的伊西多爾在 532 年到 537 年主持修建而成的聖索菲亞大教堂。基督教採用羅馬長方刑堂結構修建教堂,世俗建築物用來團結民眾,而教會在教堂則用來匯聚信徒。但教會想在教堂增建穹頂,它代表在教徒頭頂上的天國。君士坦丁堡的聖索菲亞大教堂被認為是最完美、最莊嚴的有穹頂的長方形大教堂。

皇帝不過是個人羅菲亞教堂的一幅鑲嵌畫,利奧六世跪在基督面前,接受「神聖智慧」的授權。聖索菲亞教堂主大廳內景聖索非亞大教堂剖面圖君士坦丁堡索菲亞教堂外景(6 世紀遺址,現為土耳其伊斯坦爾博物館)。聖索菲亞教堂剖面圖

大教堂在長方形平面上修建了高達 60 米的半球狀屋頂，用 1 米的厚度頂住粗柱、牆垛、拱扶垛、拱頂等，保持平衡。當信徒離開奧古斯都廣場進入聖索菲亞大教堂，穿過柱廊來到中庭時，眾多的建築物簡直讓人目不暇接，當跨過門廊進入殿堂時，總會不由自主地朝裝飾著耶穌聖像的穹頂望去，只要朝光束照耀下的天頂看上一眼，就會沉浸在被神聖威嚴的氣派壓服和靈魂昇華的情感中。出於對這種象徵的敏感，君士坦丁堡人每個週六和週日都自覺來到教堂，接受神靈的洗禮。

從奧古斯都廣場到金門是君士坦丁堡的通道之一，延伸著一條有紀念性意義的街道 —— 梅澤大道。兩邊都是柱廊，柱廊盡頭開設有商店。這條街道分別由圓形和長方形的廣場交替組成 —— 君士坦丁廣場、提奧茲多廣場、公牛廣場、阿卡狄奧斯廣場等等。其他東西走向的重要街道都是以同樣的方式出現。

與之相反，次要街道卻很狹窄，曲曲彎彎，根據羅馬分割槽的傳統，從北到南的街道傾斜，有時甚至是一段階梯。相對通行方便的交通主要幹道，這兒的交通狀況也一直是讓君士坦丁堡人感到頭痛的一大問題。

大廈、民房和商店交相混雜

　　君士坦丁堡的貴族擁有雄偉壯觀的大廈，這些大廈大都與外界隔絕，面向內部園子或面向兩旁有柱廊、由走廊連線而成的庭院。樓層延伸到街道上並設有露臺，窗戶通常採用凸肚窗。在大廈內，大廳可以豪華隆重地迎接數量眾多的客人，住宿房間大小十分適宜。與民房不同的是，大廈配有多種舒適裝置，包括舒適的沐浴設施。

　　與之不同的是民房矮小、陰暗，不舒服，經常坐落在手工作坊占據了底層的房屋樓上。對於人口眾多的君士坦丁堡來說，儘管有可通到色雷斯的水利網供水的大型蓄水池，水的供應仍存在著一些問題，所以在城市的大街小巷，經常可以看到運水者的蹤跡，君士坦丁堡一角運水者就成為大家司空見慣的人。人口眾多給城市帶來了各方面的壓力，如下水道不能完全解決廢物排出問題，為此專修的街道也根本是無濟於事。此外，在人口增長時期，圍繞著都城大量民宅在空地上迅速落成。因此，君士坦丁堡成了一座貧困郊區和富裕城市中心城區並存的城市。

空氣流通的城市

當你置身於君士坦丁堡，你會發現那裡大廣場眾多，地面工程還遠未修好。在居民密集區的旁邊或行人眾多的街道上，可以發現很多園子甚至小田地。教堂和修道院像宮殿一樣經常帶有園子，它們遍布城市。城市居民主要集中在臨海區、梅澤繁華、混雜的城市。大道附近及東部地區。在鼎盛時期的 6 世紀及 12 世紀，城市裡的 1450 公頃土地上容納了約 35 萬到 40 萬人口，就是現在看來，也算得上是一個比較大的都市了。

這座城市的真正誘惑力來自各區的多樣性。各區的名字有時令人想起占主導地位並決定其聲音、顏色、氣味的主要行業。君士坦丁堡的貴族生活在聖索菲亞大教堂附近向西就是嘈雜的鍋匠區沙爾科普拉特，再遠些在梅澤大道上，是金銀匠區，再就是塞呂萊爾蘇香區，麵包商遍布全城，但主要集中在梅澤大道上。

在君士坦丁廣場和提奧茲多廣場之間的商業區，經常用某個擁有大廈的大人物名字命名。貴族的住宅與平民的房屋毗鄰，反差極大，貧富差別十分明顯。富人意識到自己屬於另一個特殊群體，這個群體對帝國其餘的人幾乎毫不隱藏他們的蔑視。

拜占庭的文學藝術與教育

拜占庭文學

　　拜占庭人不僅繼承了古希臘人重視教育的傳統，還繼承了古希臘人熱愛文史哲研究的傳統，重視文史哲創作活動。我們將拜占庭人文史哲創作統歸於「文學」是因為當時的文史哲各學科之間並不像今天這樣區分明確，史學家可能同時就是文學家和哲學家，而哲學家不僅撰寫哲學和神學書籍，也創作文史作品，因此，文學在這裡是指透過文字進行創作的學術活動。拜占庭人在文學創作和歷史寫作方面並沒有繼承到古希臘人那樣的靈感和氣魄，但是，拜占庭人有龐大的作者群體，在長期的連貫的創作中逐漸形成拜占庭獨特的風格。

　　拜占庭文學的發展在各個時期有不同的側重點。在早期，語言的不統一是個十分重要的問題。拜占庭作家的創作大多使用希臘語，當時，在拜占庭各地流行著 3 種形式的希臘語。從書籍是貴族的專用品 4 世紀建國初期，用於寫作的希臘語就與居民日常使用的口語有明顯區別，前者稱為「書面語」，是知識界和有教養階層的語言；而後者稱為「民間語」，它並不遵循嚴格的語法和詞法，是一種用詞混亂、語法簡單的語言。直到 12 世紀前後，拜占庭社會才逐步流行標準的希臘語，更加接近古希臘語，即嚴格按照語法規則為

母音和雙母音標註複雜的重音，這是一切受教育必須認真學習的語言。拜占庭希臘語是古希臘語和現代希臘語之間的橋梁，它也為現代希臘語的語法簡化和單重音體系改革奠定了基礎。

沿著歷史的脈絡，我們可以看到拜占庭文學發展大體經歷了 4 個階段。4～7 世紀初是拜占庭文學發展的第一個階段，主要是由古代文學向拜占庭文學的轉變階段。

這個階段的拜占庭文學的主要特徵表現為古代文學逐漸衰落，新的文學形式和標準逐漸形成，奠定了拜占庭文學的基礎。基督教思想觀念、宗教抽象的審美標準取代了古代文學的相關內容，甚至寫作形式也發生變化。在這一翻天覆地的轉變過程中，基督教作家極力反對和排斥古代作家的「異教」思想理論，儘管如此，他們也不可能完全擺脫古代文學對他們的影響，因為他們也接受了同世俗作家一樣的基督教育。這種古代世俗文學對拜占庭基督教作家的影響在最初拜占庭支援所有文化知識的政策下表現更為明顯，尤其是那些努力發展教俗友好關係的基督教領袖們的立場更提供了有利條件，他們並沒有刻意排斥世俗文化，而是逐漸將教會文學和世俗古代文學結合。

其中將教會文學和世俗古代文學結合的最成功的最突出的代表是尤西比烏斯（260～340 年），他在撰寫教會歷史和

君士坦丁大帝傳記中，充分展示了其深厚的古典文學基礎和基督教文風，創造了新的寫作風格。他的代表作是《教會史》、《編年史》和《君士坦丁大帝傳》。

　　尤西比烏斯出生在巴勒斯坦北部的凱撒利亞城，師從當地著名基督教理論家、學者潘菲羅斯，後因躲避宗教迫害而流亡各地。但在他來到後西羅馬帝國卻受到了禮遇和款待。西元 313 年，羅馬帝國當局頒布宗教寬容法律後，尤西比烏斯當選凱撒利亞城主教。機緣巧合的尤西比烏斯成了君士坦丁的好友，並得到了君士坦丁一世的重用，成為御用史官。他積極參與皇帝主持下的重大教會事務決策。在他的一生中，著述頗豐，傳世作品也很多。他仿效晚期羅馬帝國作家阿非利加努斯的作品，完成了十卷本《編年史》一書。這本書提供了有關古代近東和北非地區統治王朝的詳細譜牒，以及其所在時代世俗和教會的大事年表。他所關注的重點主要是基督教的發展，尤其是他在此書中提出的觀點對後世影響很深。

　　尤西比烏斯的另一部力作是為了慶祝君士坦丁一世登基 30 年而成的《君士坦丁大帝傳》，該書主要描述了君士坦丁一世在西元 306 年 7 月稱帝以後其 30 年左右的統治，它比較詳細地記載了這位皇帝在羅馬帝國晚期的政治動亂、軍閥割據的形勢中完成統一帝國大業的過程。在這部書中，作者對皇

帝充滿了崇敬，也有著太多的讚譽之詞，但還是不可避免地影響了他對歷史事實的客觀評價。我們可以確信的是，他留下的記載都是可靠真實的，不僅為當時的其他作品所證實，也被後代作家傳抄，史料價值極高。同時，這本書也成為研究君士坦丁一世和拜占庭帝國開國史的最重要資料。在這部傳記中，記載較多的內容是關於君士坦丁的宗教事務。因此，在 4 世紀末時被教會作家翻譯為拉丁語，並將原書續寫到阿萊克修斯時代的 395 年。

在《教會史》中，尤西比烏斯充分地展示了他的理念，繼續著他的勸人向善的說教。他堅持認為：人類得到耶穌基督的拯救是歷史的重要內容，跟從上帝的選們歷史的主角，其中忠實於上帝意旨的皇帝是神在人世的代表。受到以上信仰的左右，尤西比烏斯在寫作中特別重視政治和思想歷史的記述。在書中，他用大量文字，對君士坦丁一世讚不絕口，而對君士坦丁一世的種種劣跡和暴行卻隻字不提，他還將其他皇帝頒布的宗教寬容法律移作君士坦丁一世所為，為他臉上貼金。因此，尤西比烏斯所作的這些記載都影響了《教會史》的準確性。

除尤西比烏斯外，5 世紀的佐西姆斯和 6 世紀的普羅柯比（490 ～ 562 年）也在各自的作品中表現出新舊兩種文學創作的結合。他們在歷史編纂中保持古希臘歷史家的文風，同

時開創教會史和傳記文學的形式。

此外，埃及亞歷山大主教阿塔納修斯（295～373年）則在神學論文、頌詩和其他宗教寫作中大放異彩，為以後基督教作家的創作提供了基本樣式和藍本。基督教傳記文學則是在埃及修道隱居運動中興起的。基督教讚美詩歌的發展在羅曼努斯（？～555年）創作的上千首詩歌中達到頂點，他在創作中大量運用古代詩歌的韻律知識和格式，開創了基督教讚美詩寫作的新紀元。

7世紀中期至9世紀中期是拜占庭文學發展幾乎處於中斷的狀態。和第一階段相比，這個時期既沒有名貫青史的作家，也缺少不朽的作品。這一現象的出現與當時拜占庭的政治局勢有直接關係。當時的拜占庭帝國面臨阿拉伯人、斯拉夫人入侵，帝國喪失其在亞、非、歐的大片領土，戰爭需要武器而忽視文學，拜占庭文學在此背景下難以發展。8世紀開始的毀壞聖像運動對於拜占庭文學來說簡直是雪上加霜，在一定程度上阻止拜占庭文學的發展。馬克西姆（580～662年）和大馬士革人約翰（675～749年）代表這一時期拜占庭文學創作的最高水平。馬克西姆在反對當局宗教理論的鬥爭中寫出大量基督教文學作品，而約翰則在雲遊東地中海各地時運用豐富的古典哲學知識全面闡述基督教哲學理論。

9世紀至1204年是拜占庭文學史發展的第三階段，以弗

條斯（827～891 年）為代表的拜占庭知識界以極大的熱情發動文學復興運動。弗條斯出生在權貴之家，自幼飽讀古書，青年時代即為朝廷重臣，多次出使阿拉伯帝國，48 歲時以非神職人員身份被皇帝任命為君士坦丁堡大教長。他一生著作頗多，特別緻力於古典文學教育活動。在他擔任君士坦丁堡大學教授期間，積極從事古希臘文史作品的教學。為了便於學生學習，他編纂了古代文獻常用詞彙《詞典》。在他寫給國內外各方人士的信件裡，以鮮明的態度反映出他傳播古代知識的熱情，以及在融合教俗知識上所作的努力。弗條斯作為普通訊徒出身的基督教領袖，他的作品推動了已經衰落數百年的拜占庭文學的重新掘起。

馬其頓王朝統治時期的拜占庭帝國國勢強盛，安定的社會生活為文學的發展提供良好的條件。學者型皇帝君士坦丁七世在位期間，拜占庭文學的發展進入到一個黃金時期。在此期間，文史作品和作家不斷湧現。潑塞留斯是當時拜占庭文學發展的代表人物。他出身於中等家庭，但是學識淵博、智慧超群，他撰寫的歷史、哲學、神學、詩歌和法律草案都代表當時文學寫作的最高水平。當時學術界對新柏拉圖哲學的再研究為在亞里斯多德學說束縛下的思想界帶來了新鮮的空氣，揭開了懷疑亞里斯多德理論的長期思想運動，這種深遠的影響甚至在義大利文藝復興運動中也有所反映。

西元 1204 年以後是拜占庭文學發展的最後階段，文學在民族復興的強烈慾望中顯示出其最後的活力。那時的作家、學者無一例外透過文學創作表達重振國威的急切心情。其中，尼西亞學者布雷米狄斯的政論散文《皇帝的形象》反映出知識界普遍存在的透過理想皇帝重整河山再創輝煌的願望。但是，拜占庭帝國已經無可挽回地衰落了，光靠文學不可能找回失落的世界，於是，拜占庭文學家們將其再現古代文化的滿腔熱情和對古代光榮的無限留戀轉移到義大利，這種變化直接促進了那裡復興古代文化藝術思潮的興起。

在浩瀚的拜占庭文學海洋中，詩歌和散文創作非常發達是拜占庭文學最突出的特點。那時拜占庭的散文作品可以分為神學、斷代史和編年史、自傳和聖徒傳、書信和悼詞、小說及諷刺小品，詩歌則可以分為讚美詩、敘事詩、浪漫詩及各種諷刺詩、打油詩等等。

拜占庭帝國不僅有豐富的官修或私人史書，還有大量的傳記文學，它們成為斷代史、編年史、教會史的重要補充。傳記文學包括皇帝傳記、聖徒傳記和自傳等多種型別。4 世紀的尤西比烏斯撰寫的《君士坦丁大帝傳》和阿納斯塔修斯撰寫的《安東尼傳》激發眾多教士的寫作熱情，開創拜占庭傳記文學的寫作方式，一時間出現了許多風格各異的人物傳記，其中不乏精品。到了 6 ～ 7 世紀，希利爾（525 ～ 559 年）的

《東方聖徒傳》和利奧條斯所作的《亞歷山大主教傳》將傳記寫作提升到了另一高度。他們對於巴勒斯坦和埃及地區基督教教徒的記載注重人物的內心活動，從記述物件扶貧助困的事蹟中著重挖掘他們仁慈善良的品格，讀來生動感人，催人淚下，受到普遍的好評。安娜的《阿萊克修斯一世傳》和約翰六世的《自傳》是皇帝傳記的代表作。

　　拜占庭文學中的小說興起較晚，其成果只有一兩部，據現代學者考證，僅有的這一兩部作品還不是拜占庭作家的原創作品，它們是從敘利亞語翻譯成希臘語的印度故事。諷刺散文和雜記是不可忽視的拜占庭文學形式，其寓嚴肅主題於詼諧幽默的敘述風格來自古希臘文學。拜占庭諷刺散文有三部代表作品，即 10 世紀的《祖國之友》、12 ～ 13 世紀的《馬紮利斯》和《莊主》，對時政和社會腐敗表示不滿是它們所要表達的主題，但是，在討論重大社會問題時，無一例外地採用輕鬆的筆調，對當時的文學創作產生一定影響，以致同時代的某些醫學、哲學作品也模仿他們的風格。雜記文學的代表作品是 6 世紀拜占庭商人哥斯馬斯的《基督教國家風土記》，其中記述各東方民族的風土人情、地理物產，因此具有很高的資料價值。

　　現存義大利聖維塔利安教堂的 6 世紀拜占庭鑲嵌 ── 狄奧多拉及其侍女。從 4 世紀開始拜占庭詩歌創作就進入了

長盛不衰的發展過程。當時,「迦帕多家三傑」之一的尼撒的格列高利在眾多詩人中成就最為突出,他的作品富有哲理,思想性強,很受人們推崇。5 世紀的代表性詩人是皇后尤多西亞,她的讚美詩以其純樸幼稚的風格給拜占庭詩壇帶來清新之風,更由於她的特殊地位,在她的影響下,寫詩作賦竟成了一時的風尚。羅曼努斯是 6 世紀韻律詩歌的代表人物,他以重音體系結合語句的抑揚頓挫,寫出上千首對話式的詩歌,讀起來朗朗上口,在民間非常流行。羅曼努斯的詩歌非常「實用」,因為他的詩歌可以應答對唱,並附有副歌,因此常常用在教堂的儀式活動中。克里特主教安德魯(660 ～ 740 年)也創造出將多種韻律詩歌串連在一起的抒情詩體裁,為各個層次的詩人開闢創作的新領域。9 世紀才高貌美的修女卡西亞(800 ～ 867 年)是一位極具傳奇色彩的人物,她曾經因拒絕皇帝狄奧斐盧斯的求婚而聞名,後獻身於與世隔絕的修道生活,專心詩歌創作,創造出一種充滿虔誠情感的詩歌形式,在拜占庭詩歌發展中占有一席之地。晚期拜占庭帝國出色的詩人中應提到約翰‧茂羅普斯(1000 ～ 1081 年)和塞奧多利‧麥多西迪斯(1270 ～ 1332 年),他們的詩歌表現出濃厚的學術韻味,與當時復興古代文化運動的形勢非常適應。

　　詩歌的發展直接促進了拜占庭音樂的進步。從應答對唱

的詩歌形式中發展出兩重唱的音樂形式，而韻律詩歌對 12 音階和 15 音階的形成起了促進作用，重音、和聲、對位等音樂形式迅速形成。拜占庭教會流行的無伴奏合唱至今保持不變，對歐洲近代音樂的發展起了奠基作用。

拜占庭藝術

拜占庭藝術是拜占庭委的精華部分，包括鑲嵌畫、壁畫、紡織藝術、金屬加工藝術、建築、音樂和舞蹈等幾個主要分支。在被現代學者譽為「歐洲的明珠」和「中古時代的巴黎」的君士坦丁堡集中了各種藝術的傑作，可以毫不誇張地說君士坦丁堡是用拜占庭藝術裝飾美化起來的。

鑲嵌畫是最具拜占庭特點的藝術形式，由於這種繪畫採用天然彩色石料，所以其絢麗多彩的色澤可以永久保持，使我們得以在許多拜占庭遺蹟中欣賞到這種給人留下深刻印象的藝術品。大多數人都以為鑲嵌畫是拜占庭人發明的，因為在現存的大量鑲嵌畫中，拜占庭的作品最豐富，工藝水平最高，但這一藝術形式真正發源地是古典時代的希臘。鑲嵌畫早在古希臘時代就已經出現，鑲嵌畫裝飾的地板在許多古希臘遺址中都可以晚期羅馬蒂國時代的鑲嵌地板「酒神狂

飲」（現存美國普林斯頓的 3 世紀古物）。見到。羅馬帝國時代，鑲嵌畫被廣泛應用在公眾聚會的廣場和集市的地面上。拜占庭藝術家繼承古代藝術傳統，不僅繼續在拜占庭鑲嵌地板（現存法、美兩國的 5 ～ 6 世紀古物）。水平的地面上裝飾鑲嵌畫，而且在垂直的牆壁上使用鑲嵌畫。鑲嵌畫的基本材料是被切割成大小基本相等的各種形狀的天然彩色小石塊，表面約 1 平方釐米，有時彩色玻璃碎塊也可以代替罕見的石料。藝術家首先在平整的石膏畫底上勾畫出描繪物件的輪廓和畫面線條，然後根據色彩的需要將五顏六色的石塊和玻璃塊貼上上去，最後，使用金片填充背景空白處。鑲嵌畫經最後拋光完成，在燈光的照耀下，光彩奪目，即使在昏暗的燭光中也不時閃出奇光異彩。義大利拉溫那城聖維塔利教堂儲存著世界上最完好的拜占庭鑲嵌畫，教堂中心大廳兩側牆壁裝飾的大幅鑲嵌畫是皇帝查士丁尼一世和皇后狄奧多拉與朝臣宮女的肖像，至今在燈光的照耀下，仍是五顏六色，大放異彩。

　　拜占庭繪畫主要以壁畫和插圖來表現，這種藝術形式雖然不像鑲嵌畫那樣富於拜占庭特色，但是，由於繪畫使用的材料比鑲嵌畫價廉，繪畫技術的要求相對簡單，因此，使用也更加廣泛。拜占庭藝術品中保留最多的是聖像畫，在世界其他地區的基督教教堂中可以發現拜占庭各個時代的壁畫，

大到數十平方米，小到幾平方釐米不等。除了裝飾教堂牆壁的壁畫外，還有大量畫在畫板上的各類版畫和書中的插圖。繪畫的主題大多涉及宗教故事，「聖像」是拜占庭繪畫的重要形式，聖像畫的內容主要描繪聖母和聖子的神聖，反映聖經故事和聖徒事蹟。繪畫的方法比較簡單，透過線條和色彩表現主題，強調傳神而不重視象形，注重寓意而不要求真實。拜占庭繪畫對義大利藝術影響很深，特別對早期文藝復興時代的藝術具有直接的影響，在世界美術史上占有重要地位。文獻插圖作為拜占庭繪畫藝術的另一個組成部分，以涉及內容廣泛、直現生活的「耶穌·基督像」（現存希臘阿索斯聖山修道院 1260 年壁畫）史畫面等因素而始終以穩定的速度發展。插圖繪畫的內容和形式與文字內容相一致，而創作的目的也只是對文字形式形象補充說明。這門藝術對用具和材料的要求不高，筆、刀、尺、顏料等，就可以滿足創作的需要，任何人都可以在任何地方進行創作。同壁畫一樣，拜占庭的插畫也主要以宗教為題材，直到現在我們還可以看到大量描述基督教聖經故事和聖徒事蹟有關的插畫，當然也不乏反映拜占庭人生活場景的作品。

　　拜占庭人注重微觀藝術，表現為藝術紡織和金銀寶石加工技術的高水平。流散於世界各大博物館的拜占庭工藝品包括精美的金銀盃盤、鑲嵌珠寶的大教長教冠、編金線織銀縷

的巨型掛毯、精細的象牙和紫檀木雕刻、典雅的大理石花雕柱頭等，鬼斧神工，巧奪天工，至今光輝依舊，以其絢麗多彩、丰韻多姿使人們感受到拜占庭藝術的魅力，也給後人留下一筆寶貴的遺產。

現存義大利帕瓦的 9 ～ 10 世紀拜占庭工藝品 —— 銀質鍍金墨盒。拜占庭建築藝術影響極大，在歐、亞地區廣泛分布著拜占庭式建築，其中現存伊斯坦堡的聖索菲亞教堂是拜占庭建築的傑作。這座教堂堪稱中古世界的一大奇觀，也是其他民族刻意模仿的榜樣。在巴爾幹半島、義大利、俄羅斯、中歐，甚至在英、法等君士坦丁堡以金銀細工聞名，如酒杯、聖物盒，珠寶首飾等。西歐國家均保留多座拜占庭式教堂。拜占庭建築特點一方面體現在設計布局和建築材料的使用上，另一方面體現在對建築物的內外裝修上。拜占庭建築的精巧特點與古典建築的質樸宏大成鮮明的對比，構成獨具特色的拜占庭建築風格。

拜占庭的絲織紡織水平在當時世界也是獨樹一幟的，既使在絲織業隨著拜占庭帝國衰落而逐步萎縮期間，其技術和工藝水平仍然遠在其他地中海和歐洲國家之上。拜占庭絲織業的發展為其絲織藝術的發展提供了廣闊的空間，形成了拜占庭藝術的重要組成部分。與其他藝術形式相比，拜占庭絲織品一般依據其用途確定圖案的眾神之母庫柏勒（現在義大

利佛羅倫斯的 4 世紀末拜占庭銀盤）。內容，以動植物和幾何圖形為主，很少出現基督和聖徒的影象。拜占庭的織棉技術也比較發達，主要用絲、毛、麻混合的方法，醫藥神阿斯克勒庇俄斯及其女人（現存英國利浦揚的 4 世紀未拜占庭象牙板）。而其中以金銀絲與絲線混紡最有特色。

古希臘羅馬的時代，崇尚自然和諧的人們對音樂和舞蹈格外熱愛，在音樂和舞蹈的實踐中創造了許多新的形式，這一切對拜占庭人的影響極大。據記載，拜占庭人在重大儀式、慶典活動、崇敬禮儀、民間節目、婚禮、宴會等場合都會以音樂來營造氣氛。但拜占庭的音樂和舞蹈受基督教禁慾主義的影響，宗教音樂獲得了長遠發展。雖然戲劇和舞蹈遭到教會的否定，但在民間卻廣泛流傳，幾乎成為其生活不可缺少的內容。遺憾的是，有關於戲劇和舞蹈的記載非常少，所以我們無法領略多才多藝的拜占庭人的舞姿，只能天馬行空，充分發揮想象力再現當時的情景了。

拜占庭的教育

想在拜占庭社會高層占有一席之地，首要條件就是要有一定的經濟基礎，而後還要有處理行政和軍事事務的能力，

　　而能否進入行政機構工作主要取決於個人能力的大小。君士坦丁堡對貴族家庭的孩子有一套教育系統，在這裡，文化不僅是一種樂趣，也不僅是區分社會地區的標誌，而是一種需要。如此一來，提高文化素養就會被拜占庭人提高到一定地位，而受教育作為獲取知識不可缺少的環節，人們對它的重視程度就可想而知了。

　　拜占庭人的教育主要來自於古典希臘羅馬和基督教的傳統，強調對經典文字的準確記憶，及根據基督教思想原則對古代文明遺產的深刻理解。這種兩個似乎對立的文化因素的結合是 7 世紀以前拜占庭教育的特點，它導致相應的拜占庭教育方法和內容的產生。7 世紀以後，由於教會的發展，拜占庭教育一度被教會壟斷，世俗教育大都由私人教師和父母在家庭中進行。直到毀壞聖像運動以後，世俗教育才重新獲得了同步發展的機會。

　　拜占庭人繼承古代希臘羅馬文化，也繼承了古希臘人重視教育的傳統。拜占庭文化的高度發展與其完善的教育制度有直接聯絡。在拜占庭帝國，接受良好的教育成了每個人的願望，而缺乏教養則被公認為是一種不幸和缺點。幾乎每個家庭的父母都認為不對子女進行適當的教育是愚蠢的行為，甚至被視為犯罪，只要家庭條件許可，每個孩子都會被送去讀書。社會輿論對沒有經過教育的人進行辛辣的嘲諷，就連

有些行伍出身未受到良好教育的皇帝和高階官吏也會因為缺乏教養而遭到奚落。

　　拜占庭帝國社會各階層均有受教育的機會，但受教育的程度也會因為社會地位及財富的不同而存在差異。由於時代的局限，當時拜占庭的學生能接受什麼樣的教育首先取決於老師的能力與偏好。王公貴族的子弟幾乎都有師從名家的經歷，4 至 5 世紀最著名的拜占庭學者阿森尼烏斯（354 ～ 445 年）受皇帝塞奧多西一世之聘教授兩位皇子，9 世紀的大學者和君士坦丁堡大教長弗條斯（810 ～ 893 年）曾任皇帝巴西爾一世子女的宮廷教習，11 世紀拜占庭學界頂尖人物頗塞留斯（1018 ～ 1081 年）是皇帝米海爾七世的教師。社會中下層人家的子弟雖然不能像上層社會子弟那樣在家中受教育，但也有在學校學習的機會。

　　在拜占庭小學教育相當普及，兒童從 6 ～ 8 歲開始先進入當地的初級學校學習語言。語言課首先包括希臘語音學習，以掌握古代語言的發音和拼寫方法為主。10 ～ 12 歲時，孩子們就開始了中學階段的學習，學生們開始學習語法，語法課的目的是使學生的希臘語知識進一步規範化，使之能夠使用標準的希臘語進行演講，能準確地用希臘語讀書和寫作，特別是學會用古希臘語思維，以便日後正確解讀古代文獻。語言課包括閱讀、寫作、分析詞法和句法，以及翻

譯和註釋古典文學的技巧。早期拜占庭教育和學術界尚古之風極盛，普遍存在抵制民間語言、恢復古代語言的傾向，因此，語言課的教材主要是古典作家的經典作品，如《荷馬史詩》等。

✦ 拜占遷式教堂建築

流行的式樣平面圖此外，語言教材還包括基督教經典作品和聖徒傳記。語言課除了讀書，還包括演講術、初級語言邏輯、修辭和韻律學，但這種語言課一般要在 14 歲左右才開始進行。修辭和邏輯課被認為是非常重要的課程，安排在語言課之後，使用的教材是亞里斯多德和其他古代作家的作品，《聖經·新約》也是必不可少的教材。邏輯學教育常常與哲學教育同時進行，都屬於中級教育的內容。

中級教育之後，一部分學生進入修道院尋求「神聖的靈感」，而另一部分則進入大學繼續深造。在初級語言、邏輯和哲學教育的基礎之上，學生們要在大學裡接受高階修辭學和哲學以及算術、幾何、音樂、天文的學習，其中後四項被拜占庭人稱為「四藝」。高階修辭課主要透過閱讀古代作品採完成，學生們要求背誦古希臘文史作品，並按照古代寫作規範和文風寫論文或進行演講練習。讀書是學習的主要方式，例如在哲學課程中，學生必須閱讀亞里斯多德和柏拉圖以及

新柏拉圖哲學家的全部著作，還要求他們背誦希臘文字福音書。基礎教育的目的是培養完善的人格，造就舉止優雅、能說會寫的人，而高等教育的目的是培養探索真理和傳播真理的人。在大學裡，學習必須是全面的，無所不包的。這種教育應囊括知識所有分支的思想體現在教育的全過程中，基礎教育更重視全面的教育，我們今天使用的「百科全書」一詞即來源於拜占庭人基礎教育的概念。法律、物理和醫藥學雖然屬於職業教育的內容，但是學生們在大學中可以自由學習。

在拜占庭，立志讀書做官的人必須經過系統的教育。他們首先要接受基礎教育，而後在貝利圖斯等地的法律學校透過拉丁語言和法律課程，畢業後最優秀的學生將繼續在君士坦丁堡大學學習，這些學習經歷是平民百姓仕途升遷必不可少的條件。而希望在法律界發展的學生必須經過良好的基礎教育和貝利圖斯法律學校的專門教育，他可以不像其他學生那樣從事體育鍛煉，也不必取得戲劇課程的成績。但神學課是所有學生的必修課，而專門的神學研究不在學校裡而是在教會和修道院裡進行，對神學問題感興趣的學生可以在修道院裡進一步深造。

拜占庭基礎教育和大學教育的內容相互交叉，只是深淺程度不同而已。有些學者既是大學教授，也是普通學校教師，例如，4 世紀的學者巴西爾在雅典大學教授語法、政治

學和歷史，同時在當地的職業學校擔任算學和醫學教師，他同時還擔任某些貴族的家庭教師。

拜占庭的學校普遍採取古希臘人以提問討論為主、講授為輔的教學方法。學生一般圍坐在教師周圍，或席地而坐，或坐於板凳上，使用的教材放在膝蓋上。教師主要是就教材的內容提出問題，請學生回答或集體討論，閱讀和背誦是基礎教育的主要方式，而討論是高等教育的主要學習方式。

學校兼具教育和學術研究的功能，教學相長，最著名的教育中心同時也是最具實力的學術中心。在拜占庭帝國各地有許多集教育和學術研究為一體的中心。據考古和文獻資料提供的證明，除了君士坦丁堡外，雅典是古希臘哲學和語言文學的教育中心，埃及亞歷山大是「所有科學和各類教育」的中心，貝利圖斯是拉丁語和法學教育的中心，塞薩洛尼基是古代文學和基督教神學的教育中心，加薩和安條克是古代東方文學和神學的教育中心，以弗所和尼西亞是基督教神學教育中心。查士丁尼法典記載當時拜占庭帝國「三大法學中心」，它們是君士坦丁堡、羅馬和貝利圖斯，規定所有政府官員和法官律師必須取得有關的學歷才能任職。

在拜占庭，學校分為國立、私立和教會三大類，它們在拜占庭的教育事業中占據著重要地位，缺一不可。教會學校由教會和修道院主辦，辦學的主要目的是培養教會神職人員

的後備力量。拜占庭修道院學校辦學方式和西歐修道院完全不同，是專門為立志終生為僧的人開辦的，因此，其教學內容非常單一，只學習語言、聖經和聖徒傳記。國立大學和普通學校是拜占庭教育的主要基地，對所有人開放，其教授由國家任命併發放薪俸。拜占庭學校上課和教師指導的場面（13 世紀古書插圖）。國立大學的課程在 7 世紀以前不受任何限制，非基督教的知識也可以教授，學校的拉丁語教授多來自羅馬和北非，醫學和自然科學教授多來自亞歷山大，哲學教授來自雅典。查士丁尼一世時期，為了加強教育控制，對全國學校進行整頓，採取了取消除君士坦丁堡、羅馬和貝利圖斯以外的法律學校，關閉雅典學院，停發許多國立學校教師薪俸等措施，基礎教育的責任就落在了私塾和普通學校的身上。7 世紀以後的許多著名學者都是在私塾中完成基礎教育，然後進入修道院接受高等教育。很多學者學成之後，還自辦私人學校。

拜占庭教育事業發展幾經波折，出現過高潮和低潮，其中查士丁尼罷黜百家、獨尊基督教的政策對拜占庭教育的破壞最為嚴重。查士丁尼以後的歷代皇帝大多支援教育，例如，君士坦丁九世鑑於司法水平低下，在 1045 年建立新的法律學校，並要求所有律師在正式開業前必須進入該校接受培訓，並透過考試，否則就沒資格行業。他還任命大法官約翰

為該校首席法學教授，任命著名學者頗塞留斯為該校哲學教授，透過加強師資力量的投入，以提高學生的水平。科穆寧王朝創立者阿萊克拜占庭典型的教育情景修斯一世除了大力支援國立大學和普通學校外，還創造性地開辦孤兒學校，幫助無人照料的孤兒接受教育。許多皇帝透過經常提出一些測試性的問題，親自監督國立大學和學校的工作，檢查教學質量，任免教授和教師，給教學效果好的教師增加薪俸。在拜占庭皇帝的親自過問和參與下，學術活動非常活躍，學校教育發展迅速。

拜占庭政府高度重檢視書館的建設，因為這是學術研究的主要組成部分。建國初期，政府即撥專款用於收集和整理古代圖書，在各大中城市建立國家圖書館，古希臘時代的許多作品即是在這一時期得到系統整理。查士丁尼時代推行的思想專制政策曾一度摧毀了很多圖書館，其中亞歷山大和雅典圖書館的藏書破壞最為嚴重。但民間的藏書並未受到打擊，仍然十分豐富，著名的貧民詩人普魯德羅穆斯（1100～1170 年）就是廣泛借閱民間圖書，自學掌握古代語法和修辭，並透過研究亞里斯多德和柏拉圖的大部分著作，成為知識淵博的詩人。由於國家政策的大力支援，教會圖書館發展尤其迅速，幾乎所有教堂和修道院均設立圖書館，這些圖書館後來成為培養大學者的重要場所，直至今日它們仍是取之

不盡的古代圖書的寶藏。拉丁帝國統治時期是拜占庭教育和學術發展停滯的時期，文化上相對落後的西歐騎士在爭奪封建領地的戰爭中，自覺或不自覺對拜占庭學校和圖書館造成了破壞，他們焚燒古書以取暖，其情形類似於 4 ～ 5 世紀時日耳曼人在羅馬焚燒刻寫羅馬法條文的木板取暖。在民族復興的政治運動中，拜占庭知識界掀起復興希臘文化的熱潮。分散在各地的拜占庭文人學者紛紛集中到反對拉丁人統治的政治中心尼西亞帝國，並在拉斯卡利斯王朝的支援下，開展了搶救古代圖書文物的各種活動，或遊訪巴爾幹半島與小亞細亞地區，收集和抄寫古代手抄本，或整理和註釋古代名著，或建立私塾傳授古典知識，組織學術討論，以各式各樣的方式拯救圖書。這些活動為帕列奧羅格王朝統治時期的「文化復興」奠定了基礎。著名的學者布雷米狄斯（1197 ～ 1269 年）是尼西亞帝國時期拜占庭文化的領頭羊，他培養出包括皇帝塞奧多利在內的許多知識淵博的學者，在文化界受到廣泛的尊敬。

可以說，帕列奧羅格時代的拜占庭文化教育活動是民族復興自救運動的一部分。當時的拜占庭國家已經衰落，國內政治動盪，外敵欺辱，正一步步走向滅亡的深淵。拜占庭知識界為挽救民族危亡，在尼西亞帝國文化教育事業的基礎上，開展文化復興運動，使拜占庭文化教育發展進入又一個

輝煌時期，出現了前所未有的學者群體。他們積極參與政治宗教事務，同時研究古希臘文史哲作品，從事教育，從而成為民族重興自救運動的一份子。他們對古典哲學和文學的廣博知識令其義大利留學生極為驚訝，這些學者及其弟子中的許多人後來又成為義大利文藝復興運動的直接推動者。直到拜占庭帝國即將滅亡之際，在君士坦丁堡和塞薩洛尼基仍然活躍著許多民間讀書團體和學術沙龍，它們經常討論最著名的古希臘文史哲作品。在為數不多的學校裡，仍然保持較高水平的教育活動，歐洲各地的學生仍繼續到這裡求學。

拜占庭的自然科學

拜占庭醫學

　　拜占庭醫學是在古典希臘醫學基礎上發展起來的，是一門在民眾中普及的科學，醫學知識並不僅僅為專業醫生所掌握，而是被所有拜占庭知識分子和大多數普通民眾所瞭解。

　　拜占庭人認為血液、粘液、黃膽汁和黑膽汁是人類體質病理分類的基礎，所有疾病均出自幹、溼、熱、冷四氣失調，而健康則有賴於這四種體液的適當比例和四氣狀態的平衡。這與古希臘醫生希波克拉底和蓋倫的理論如出一轍。拜占庭醫學著作，如皇帝尤利安的私人醫生歐利巴修斯（325 ～ 395 ／ 6 年）的《診斷學》，保羅（？～ 642 年後）的《婦學》《毒物學》和《處方》，11 世紀西蒙的《食譜》和《保健手冊》等也都是以希波克拉底和蓋倫的理論為指導。

　　拜占庭人注重養生和預防，廣為流傳的「飲食曆書」將一年四季分成千、溼、熱、冷四個階段，並詳細地羅列宜食和忌食的食物名單。他們認為：疾病是人體各種因素和狀態失調的結果，因此治病的關鍵在於調理，治病的最好辦法是休息、保溫和發汗，養生應重於治病。在拜占庭人們非常推崇一些民間土方，例如，用胡椒調理肝脾，用青草去除口臭，一年春夏秋季三次放血，使用按摩和推拿治療扭傷，用燒灼方法止住大出血，用艾蒿清潔空氣，等等。中國古代史書中還記載拜占庭外

科醫生「善醫眼及痢，或未病先見，或開腦出蟲」。

　　拜占庭國家非常重視醫院的組織建設，不僅在軍隊中設立軍事醫護團，而且大的慈善機構和修道院也附設醫院或高階醫生團。

　　在拜占庭，醫療保健是教會的責任，修士會經營的醫院遍布全國。其中最著名的是位於君士坦丁堡的潘托克拉特修道院醫院。到 12 世紀已擁有 50 個床位，分屬各病房，供外科、內科和婦科使用。醫院有 10 名男醫生和 1 名女醫生，以及男女助手和草藥師，1 名醫學教授為新醫生授課，還有廚房工作人員，主要為病人準備素食。

　　按當時的標準，這些醫院的醫術已相當先進了。因為拜占庭不僅繼承了希臘羅馬豐富的傳統醫學遺產，也繼承了阿拉伯的醫學專長。拜占庭的醫生能開出治消化不良、心臟病和胸痛的藥，他們透過屍檢和解剖改進手術技藝。醫生們有專業分工，有眼科醫生、婦科醫生和牙科醫生等。

　　在一幅壁畫中畫著這樣一幅圖畫，描繪醫生聖潘托里蒙生活中的場景，他手握十字架和藥箱，這兩樣東西象徵他用奇方治癒病人的能力。

　　還有的壁畫中畫著一些器具，這是用來測量給病人放血量的，這是拜占庭常見的醫療程式。上面的兩個機械師記錄

血流入下邊盆中的高度。這種計量器是由阿拉伯人發明的，他們被尊為醫學權威，他們的醫學方法全歐洲都在研究。

在一幅畫中畫著兩位醫生用繩子吊著病人沿著梯子階梯上下拉動，希望這種牽引和按摩能治好他的脊椎錯位。

在 10 世紀拜占庭醫學課本上的插圖配有說明，解釋怎樣包紮頭部。

拜占庭的天文曆法

✦ 天文

在拜占庭最具盛名的天文學家是 4 世紀下半期拜占庭數學、天文學家塞奧（？～ 380 年），他是當時地中海世界最著名的大學者，曾註釋了托勒密的《天文學大全》，並對這部古典天文學的集大成著作的後半部進行補充。他還在仔細研究托氏理論的基礎上，準確計算出 364 年兩度發生的日食和月食。

為了計算天體運動，塞奧整理註釋西元前 4 世紀古希臘數學家歐幾里得的《幾何原本》等著作，使這些極富價值的作品得以儲存，它後來成為伊斯蘭學者轉譯為阿拉伯文的古典

幾何「九大行星」圖（現存羅馬國家圖書館的 9 世紀拜占庭古籍插圖）。學珍貴文字的主要依據。塞奧能受到學術界普遍的尊崇，還在於他培養了 —— 大批學者，其中包括他的女兒希帕提亞，她被認為是拜占庭歷史上最出名的女學者。

在天文學領域，拜占庭人仍視 2 世紀的亞歷山大天文學家托勒密的理論為最高權威，其「地心說」仍然在拜占庭學術界流行。他們十分重視古代希臘羅馬的天文知識，注重學習古典天文學理論。

自 4 世紀以後，拜占庭人翻譯註釋了許多古代天文學作品，其中影響最大的是晚期羅馬帝國數學家和天文學家帕珀斯（？～ 320 年）的《天文學大全註釋》，該書依據托勒密（130 ～ 175 年）天文學理論分析天體執行，準確地預測了發生在 320 年 10 月 18 日的日環食。如同在古希臘也出現過「日心說」一樣，拜占庭學者也對託氏理論提出挑戰，但托勒密的理論並未被推翻。對於日環食現象，拜占庭天文學家進行了正確的說明，他們還基本正確地解釋了閃電雷鳴與暴風雨的關係，但是，對異常天象和自然災害還沒能有科學的解釋，而常常將這些現象解釋為來自上天的警告和對人類罪孽的懲罰。

拜占庭天文學的發展是從對包括托勒密在內的古代天文學家著作進行翻譯註釋開始的。令人費解的是，拜占庭人在

翻譯古代天文學作品時特別關注方法而不重視理論，特別注意研究星圖和觀測工具，而缺乏對天象生成道理的探討。托勒密的地心說宇宙體系論和以所謂均輪及本輪圓周運動解釋天體運動的理論，對拜占庭人來說既顯得深奧難懂，難以理解，又沒有實用價值，因此並未引起拜占庭的重視，反而遭到他們的輕視。而托勒密所繪製的星圖卻受到拜占庭人格外的青睞，拜占庭天文學家塞奧在翻譯託氏著作時專門為該星圖撰寫大、小《註釋》兩部書。許多拜占庭天文學家也非常喜歡繪製星圖，以至於今天拜占庭學家們仍然為拜占庭時代保留的大量星圖感到驚異。除了星圖外，太陽執行圖、星辰目錄等也非常受歡迎，它們的作者既有古代希臘羅馬時代的人物，也有古代波斯或兩河流域的居民。

　　拜占庭形形色色的天體執行圖和星圖之所以非常受歡迎，是因為它們是計算復活節等宗教節日的準確日期以及確定日常生活的計時標準，從而完善拜占庭曆法體系。拜占庭人根據太陽執行圖和月亮週期表，制定了太陰曆和太陽曆結合的 532 年大曆法週期，他們還根據日晷記錄分割白晝，根據星表記錄分割夜晚，將每晝夜劃分為 12 個時辰，太陽昇起時為第一時辰，依此類推。為了計算更小的時間單位，拜占庭人使用日晷和滴漏設定，將每個時辰劃分為 5 份，又將每份劃分為 4 秒，再分每秒為 12 瞬間。通常，他們按羅馬人

的傳統，將每晝夜 1 ／ 3 的時間作為夜晚，其他 2 ／ 3 作為白天。

由於拜占庭人重視觀測，所以拜占庭帝國時代天文觀測工具發展迅速，諸如子午環、迴歸線儀、渾天儀、地座儀、星位儀等古代天文書籍中記載的工具全都被智慧的拜占庭人複製。其中的星盤是用來測量天體高度的儀器，西元前 3 世紀即被古希臘人發明，拜占庭人進一步完善了這種工具，現存的拜占庭星盤是由帶有精細刻度的圓盤和可以旋轉的觀測管兩部分組成，觀測管與圓盤中心相聯，類似於近代出現的六分儀。這些天文觀測工具幫助拜占庭人繪製出許多星圖，並比較準確地計算出數百年間的多種基督教節日。

在拜占庭占星術受到格外的重視，早在古希臘羅馬時代，人們就透過觀測星體之間的位置預測未來或解釋過去。拜占庭人繼承了這一傳統，並進一步完善了星占學體系。他們透過大量實際觀測，補充古代遺留下來的星圖，使黃道十二宮的星位更加準確，更易於理解。

拜占庭人在古代星命術、擇時占星術和決疑占星術的基礎上，發展出總體占星術，也稱政治占星術，使這 4 種占星術在細節上更加完善，並將它們統一成一個體系，涉及人類社會生活的方方面面。

　　當人們對個人的前途和命運感到不解時，可以透過其出生年月日時和某行星所在黃道十二宮的位置作出預測，即所謂星命術；當人們在進行諸如作戰、手術等重要行動之前感到疑惑而猶豫不決時，可以根據天文觀測確定最佳時間，即確定黃道吉日，這稱為擇時占星術；決疑占星術則指根據求籤算卦者的提問，對比天文觀測和占星天宮圖作出解答；而那些涉及社稷民生和國家大計，預測人類未來的占星術在拜占庭帝國受到特別的重視，其占星過程和手段則更為複雜。

　　拜占庭曆法也根據占星術的結論確定了許多忌日和吉日。而基督教教會天文學家也從聖經中為占星術找到了理論根據，使古典時代產生的這一古老預言方法在篤信基督教的拜占庭社會獲得廣泛的社會基礎。

　　拜占庭天文學還融合了其他民族天文曆法的因素。拜占庭人為了完善其曆法體系，不僅吸收古典希臘羅馬的「異教」知識，而且也不再堅持他們與其他民族的文化區別，忽視宗教爭議，大膽利用薩珊波斯和阿拉伯伊斯蘭天文曆法。

✦ 曆法

　　拜占庭帝國是中世紀歐洲文明程度最高的國家，其曆法是在新舊羅馬象徵圍繞下的執政官瑪努斯身穿華服。在古代希臘羅馬天文曆法基礎上，結合基督教神學思想，形成具有

重要特點的獨立曆法體系。

　　拜占庭人將每年分為 4 季，將每季分為 3 個月，一般將每月分為 4 周，將每週分為 7 日，將每天分為 12 時辰。每週以週日為頭一天，稱週一為「第二日」，以此類推。

　　由於拜占庭曆法是在古代希臘羅馬曆法基礎上發展而來的，所以從基督教角度看，這樣的曆法被認定為異教曆法。

　　拜占庭人十分重視歷史記述，由此留下了大量珍貴的歷史資料。但是，這些歷史資料的絕對年代卻難以判斷，因為早期拜占庭作家並不採用全通用的紀年法，在不同時代不同地區的拜占庭史料中紀年方法也不同，以上現象的出現是因為整個帝國內部缺乏為大家共同認可和使用的統一的紀年法。如 4 世紀的埃及土地契約中使用「第二個稅收年的第某年」表明年代，查士丁尼的《法學總論》序言落款年代則記為「查士丁尼皇帝第三執政官期間」，等等。這種情況在拜占庭持續了相當長的時間，直到 9 ～ 10 世紀才出現類似於我國古代史書中通用的干支紀年和皇帝年號紀年法。

　　拜占庭帝國早期的曆法主要是以羅馬曆法為依據，羅馬曆法形成於羅馬共和國時期，據考證，它與羅馬城初創者羅穆洛斯（西元前 8 世紀）結合古希臘人的曆法制定而成的羅馬古曆法並不相同，它是以月亮運動為天文依據的太陽曆，每

年比實際迴歸年少 10 余天，這樣一來至西元前 1 世紀時，羅馬古曆法已經變得十分混亂，無法規範羅馬人的社會生活。形勢所迫，凱撒（前 102～前 44 年）遂邀請亞歷山大城天文學家索西耶內斯主持曆法修訂，以太陽運動為依據制定太陽曆，並取消羅馬古曆。新曆法以凱撒姓氏命名為儒略曆，分一年 365 天為 12 個月，並採取閏年增時措施，以克服計時的微小誤差。

早期拜占庭人以儒略曆為計時依據，實行「稅收年紀年法」。所謂「稅收年」是指國家向民眾徵收捐稅的時間，最初是由羅馬帝國皇帝戴克里先（284～305 年在位）確定的，他為了保持國家稅收數量的相對穩定，立法規定每 5 年調整一次稅收量，以收穫季節的 9 月為歲首。後來，拜占庭帝國第一位皇帝君士坦丁大帝又將 5 年一度的調整期改為 15 年。

在拜占庭帝國早期，無論在正式的官方檔案還是人們的日常生活中，「稅收年」都被用來紀年。由於每個稅收年週期為 15 年，因此在計算某個稅收年的具體年份相當於絕對年代時，應採用「稅收年周 ×154+ 稅收年 4+312」的公式，反之在計算某一絕對年份相對應的稅收年時，應使用「（絕對年份 —— 312+3）÷15」的公式，能夠除盡的為稅收年周的首年，不能除盡的，其餘數即為具體稅收年份。

與稅收年紀年法同時被使用的還有「執政官」、「皇帝年

號」、「名祖」等多種紀年方法。前兩種方法大多為真實的歷史人物擔任皇帝或執政官的年份，而後者大多為拜占庭帝國古代作家為記述方便，虛構出來的先祖或神的名字，用以標誌年份。按照早期羅馬共和國時代的傳統，每年羅馬人應選舉執政官，任期一年。到晚期羅馬帝國和拜占庭帝國時期，執政官已經失去原有的管理職能，已無實權，但仍保留其榮譽頭銜意義，並由民眾選舉變為皇帝任命。由於其每年變更的特點使它具有標誌年代的功能，許多拜占庭帝國早期歷史作家便以某位執政官註明其描寫事件的年份。

皇帝的年號在拜占庭曆法紀年體系中的作用和執政官紀年大體相似。在採用這類紀年法計算絕對年代時，應注意參照有關的史料確定文獻中提到的執政官被任命或皇帝在位的準確年份。皇帝年號紀年法比執政官紀年法更可靠，因為在注重政治事件記載的拜占庭帝國史料中，可資借鑑的旁證更多，用起來就更為可靠。歷史的沿續也說明瞭這一點，執政官紀年法僅使用到 7 世紀初，而戴克里先紀年法持續使用到 13 世紀。

這一時期，拜占庭帝國某些地區、特別是在重要的文化中心和地方政治中心還存在一些地方性紀年法，除了埃及地區流行的稅收年紀年法外，在西亞的敘利亞地區還流行「安條克紀年法」。安條克紀年法於西元前 49 年 10 月 1 日算起，

可能是為紀念凱撒視察該城市而設立，於西元前 47 年正式被
採用。直到西元 5 世紀中期，安條克紀年的歲首才改為 9 月
1 日，為的是與中央政府頒布的歷法保持一致，該紀年法至
7 世紀中期阿拉伯軍隊占領敘利亞以後逐漸停止使用。除了
上述主要地方性曆法外，還存在以大區長官或朝廷重臣命名
的紀年，它們大多通行於某官員任職或出生地區，沒有普遍
性，但是，我們在涉及這類史料提及的年代時，還應給予充
分的重視。

✦ 拜占庭紀年法

早期拜占庭曆法由於受古希臘羅馬天文曆法的巨大影
響，帶有明顯的世俗色彩，被基督教稱為「異教曆法」。然
而，隨著基督教思想在拜占庭帝國的傳播，拜占庭曆法逐漸
表現出愈來愈明顯的宗教性，篤信基督的拜占庭人極力準確
地掌握「上帝的時間表」。

拜占庭帝國時期，基督教神學思想與古典天文曆法相結
合，形成了以基督教思想為核心、以古典曆法為手段的新型
曆法。基督教在拜占庭帝國時代，其正統神學和教義逐步形
成，在拜占庭皇帝的直接參與主持下，完善了其思想體系，
成為在拜占庭社會占統治地位的意識形態。人們開始用基督
教神學理論解釋天文曆法問題，反過來又用古典天文曆法知

識為基督教服務，尤其注意利用曆法計算宗教節日。

「復活節紀年法」源自教會天文學家編制每年一度的復活節表。復活節確定在 3 月 2 日至 4 月 25 之間，按照拜占庭教會傳統，每年春分節當天或節後一週遇有滿月，則其後的第一個禮拜日為紀念耶穌基督死後復活的節日，如果滿月恰好出現在週日，則復活節順延一週。

為了推算出復活節的準確日期，拜占庭人做了很大努力，他們恢復古代天文學，加強天象觀測，繪製星圖。他們注意整理翻譯註釋古希臘羅馬天文學著作，製作用於觀測天體的星盤，並計算赤道和黃道的夾角，確定月亮執行的軌道等等。顯然拜占庭人在發展拜占庭星占學的同時，為基督教曆法發展提供了天文學依據。

篤信基督的拜占庭人以基督教基本教義解釋計時含義，他們認為所謂「時間」是指發生某些事件的時段，他們的計時體系是以晝夜和四季等自然變化的現象為主要依據，同時以對天體運動的觀測為參考。拜占庭人在如何解釋計時單位時，特別強調基督教思想。他們雖然按照自然和天文變化確定了天、月、季節和年等時間單位，但是他們卻以上帝創世和基督降生來解釋其紀年方法的由來。他們還特別注意以聖經中關於上帝創世的故事為依據，完善了每 7 日為安息日的禮拜計時方法，並沿用至今。在 9 世紀以前拜占庭帝國流行

的所有紀年方法中，以基督教曆法發展最快，逐漸取代了古典曆法的正統地位。這一時期，出現了「亞歷山大紀年法」，「創世紀年法」、「基督降生紀年法」等等，最終形成了「拜占庭紀年法」。

拜占庭帝國多種紀年法混用的情況使 9 世紀以前的歷史作家在使用古代文獻時遇到極大的困難，他們常常為準確判斷某個歷史事件的年代而翻閱大量資料，即便如此，錯誤仍然會出現，就連當時最博學的作家塞奧發尼（Theophanis，752 ～ 818 年）在使用 7 ～ 8 世紀的文獻時也因紀年法混雜而出現了確定年代的錯誤。因此制定統一的曆法紀年體系是中期拜占庭帝國知識界的迫在眉捷的事情，所以「拜占庭紀年法」應運而生，併成為此後占主導地位的曆法。

「拜占庭紀年法」是嚴格按照《舊約‧創世紀》的內容計算出來的，確定上帝於西元前 5508 年 3 月 21 日創造世界，因此這一天為拜占庭紀年的開端。

「拜占庭紀年法」還以復活節週期為主要依據，以校正可能出現的誤差。拜占庭天文學家根據觀測，確定以月亮執行為依據的太陽年週期為 19 年 235 個月，其中設定 7 個閏月，分布在第三、六、八、十一、十四、十七和十九年；又確定以太陽執行為依據的太陽年週期為 28 年，而後將太陰、太陽兩週期相乘，得出 532 年的復活節大週期。事實上，設定這

一大週期的目的在於透過改變其歲首月齡的辦法以達到調整拜占庭曆法在數百年間使用中出現的誤差。「拜占庭紀年法」從 9 世紀以後成為拜占庭帝國通用的曆法，直到 15 世紀中期拜占庭帝國滅亡以後，還被東正教教會採用。

拜占庭人為了更準確地計時，還注意吸收其他曆法的優點，調整拜占庭曆法的不足。他們一改以往的傳統，在曆法問題上並不在乎借鑑物件屬於何種宗教，也不太關心使用物件來自哪個民族，只要它有可取之處就會改頭換面加以利用，以豐富和完善計時體系。

拜占庭曆法在中古地中海和歐洲文化發展程式中曾長期發揮重要作用，它對周邊各民族，特別是對東歐斯拉夫各民族和東正教世界產生了不可忽視的影響。

古希臘文化的第二故鄉

中古文化明珠

　　拜占庭人信仰宗教，但卻又喜好爭戰，喜好爭戰卻又崇尚文化，我們面前的拜占庭帝國就像一個身著鎧甲、手持聖經和亞里斯多德《邏輯學》的特殊人物。這個奇怪的人物是赳赳武夫與滿腹經綸的學者及虔誠的教士3者的結合。事實上，血腥的戰爭和虔誠的信仰都並未阻礙拜占庭文化的發展，而恰恰是這些因素使拜占庭文化在發展中形成了鮮明的特色。

　　早在拜占庭帝國的前身——古羅馬帝國時期，它就以其獨特的文化為拜占庭文化的獨立發展奠定了基礎。此後，拜占庭文化隨著帝國歷史的演化走過了曲折的發展道路。

　　從4世紀上半葉到6世紀末的250餘年，是拜占庭國家透過一系列行政和經濟改革修復「西元3世紀大危機」造成的巨大破壞的過渡時期。行政和經濟的改革，同時也給了文化復甦的機會，而在此期間作為文化載體的居民普遍貧困化，文化中心城市衰敗，政治動亂和外敵入侵使文化活動無法進行。

　　君士坦丁一世重新統一帝國後，全面恢復文化活動，支援和發展文化事業。由於一切都還處在百廢待興的階段，而

對於關係到自身利益的文化發展方向問題，這個時期的拜占庭帝國的統治者對發展何種文化和如何發展文化尚未找到答案，還沒有確定拜占庭文化的發展方向。經再三斟酌，最後君士坦丁制定了寬容基督教的政策並賦予基督教實質上的國教地位，但是，他同時大力支援世俗文化的發展，他本人直到臨終時才正式皈依基督教。總而言之，這一時期的帝國統治者並未在發展何種文化這個問題上做任何選擇，還在持觀望的態度。

皇帝尤利安（361～363年在位）在位時推行打擊和迫害基督教的政策，全面復興古典希臘羅馬文化。在這個過渡時期，拜占庭文化處於選擇和試驗的階段，如同拜占庭統治階級在改革中尋求適合新形勢的政治經濟制度一樣，拜占庭文化也在尋求發展的道路，確定發展的方向。

查士丁尼時代是拜占庭文化最終形成的時期，是拜占庭文化確定了以古典希臘羅馬文化為基礎、在基督教思想指導下發展的重要階段。從本質上講，基督教原則與世俗文化相對立，但是，拜占庭帝國特殊的歷史背景和教俗統治階層的特殊關係決定了在拜占庭帝國的特殊環境中這兩種對立事物的統一。事實也證明瞭這一方略的可行性，因為在皇帝的控制下，古典文化和基督教信仰實現了結合。

6世紀以後，拜占庭文化進入了令人矚目的迅速發展階

段，早期拜占庭階段累積的教俗文化內容，為這一階段的發展準備了豐富的素材，拜占庭文化以教俗文化結合的形式不斷發展。普遍的社會基礎，為拜占庭的文化的發展添磚加瓦，因為隨著社會的需要。希臘語逐步取代了拉丁語的統治地位，使拜占庭文化贏得當地希臘化各族民眾更廣泛的認同。一批博學的基督教作家形成了拜占庭人的文史創作群體。拜占庭藝術也在古代東西方文化影響下形成了具有強烈抽象色彩的特點。在以上各種有利因素的催化下，這時期的拜占庭文化從其鮮明獨特的個性閃動著耀眼的光芒。

這一時期拜占庭文化發展的主要特點是基督教精神對社會生活的全面滲透，基督教在社會公共活動和思想觀念方面占據主導地位，教會透過教堂、修道院和慈善機構擴大影響，透過吸引有文化傳統的知識界向社會傳播灌輸基督教價值觀和行為準則，因此，新的文化形式不斷變革，頌歌、讚美詩、韻律詩、教會史和聖徒傳記大量湧現，同時，也出現了藝術和建築的新風格。以龐大的中央集權官僚體制和核心家庭為主要因素的社會生活決定著人們生活習俗的形成，在拜占庭有官僚貴族而沒有騎士貴族，有發達的城市文化而不同於西歐流行的莊園文化。

在馬其頓王朝前後，出現了拜占庭文化的黃金時代，歷時約 250 年。馬其頓王朝是拜占庭歷史上最強盛的時期，社

會生活進入了有序發展的過程。繁榮安定的社會生活，給文化的發展提供了平臺。這個時期在各個文化領域湧現出許多名垂青史的人物，皇帝君士坦丁七世就是他們的代表。他的作品涉及關於帝國發展的政治理想、皇家生活的模式、文史和立法等方面。正是在這種環境下，拜占庭學者對知識和學術的各個領域展開系統的研究和整理，不僅古典文化的翻譯出現了前所未有的進展，而且宗教學術的探討在寬鬆的氣氛中也取得了豐碩的成果。於是，長期以來，現代拜占庭學界將馬其頓王朝時期的文化繁榮現象獲得了「馬其頓文藝復興」美譽，近年來又將其改稱為「馬其頓文化繁榮」。

11 世紀末以後的 370 餘年裡，拜占庭國勢逐漸衰落，處在動盪不安環境中的拜占庭文化一邊從歷史中回憶昔日帝國的光榮，尋求挽救帝國大廈不倒的良策，也在回憶過去輝煌歷史中從各個領域復興文化、抵抗憑藉強權和武力侵入拜占庭的敵對文明，文化救國是這個時代知識分子的共同追求。其中以頗塞留斯為代表的一批知識界的菁英在哲學、文學、法律、史學和藝術的各個領域展開全面的復古活動，力圖用古代文化喚起廣大拜占庭民眾的民族自信心。在他們創作的作品中，古代文化中自然主義的風格在表現人和物上反映得更明顯。以布雷米狄斯為首的尼西亞帝國知識界，在復興古代文化中做出了重要的貢獻，他們以極大的勇氣和耐力收集

和複製的古代手稿，彌補和恢復了拉丁騎士攻占君士坦丁堡對拜占庭文化造成的巨大破壞。中央集權的削弱似乎也有利於學術的自由發展，知識分子們結成各類文化團體，各自有計劃地從事收集整理古代書稿的工作，開展對古典文學、哲學、天文學和醫學的研究，其中最有影響的代表人物是普來松。拜占庭知識界在挽救持續衰落的國家過程中有效地防止了古典作品在戰亂中的破壞，對義大利文藝復興來說意義重大。

在義大利文藝復興運動興起以前，拜占庭文化走在歐洲各民族文化發展的前面，保持著較高水平，因此，它對文化發展相對緩慢的中古歐洲發揮了積極作用，自 9 世紀希利爾兄弟前往摩拉維亞傳教並創造了西里爾文字開始，拜占庭文化就直接促進著斯拉夫世界的文明化，加速了斯拉夫各民族國家的發展，並以君士坦丁堡為中心形成以東正教為核心的東歐世界。

拜占庭文化在世界範圍內遊牧民族普遍衝擊農耕民族的時代，在保護古典希臘羅馬文化遺產免遭滅亡方面發揮了重要作用。同時，拜占庭人使古典文化適合於中古社會生活，形成古典文化的特殊形式。

拜占庭文化對包括阿拉伯民族在內的周圍其他民族文化也產生了積極影響，推動了中古時期不同文化的交流。拜占

庭文化還為中古晚期的西歐提供有利於未來發展的進步因素，其寶貴的學術和藝術遺產透過各種渠道傳遍了世界。

築夢帝國的文明與輝煌

隨著東羅馬帝國衰亡而敗落的拜占庭文明，有如一場千年的築夢。無論它埋葬了多少鮮為人知的祕史，它所凝聚的人類文化瑰寶，卻在遠播全球的復興之中再放異彩。

✦ 拜占庭的外交藝術

大部分出使帝國宮廷的使節們很快就會發現，拜占庭人是外交大師。使者們出訪帝國的時候，會由專門的接待委員會迎候，並被護送到君士坦丁堡，在那裡他被提供食宿，且有僕人侍候。到皇帝接見的那天，全副戎裝的騎兵衛士為他從皇家馬拜占庭大使渴見際拉伯君主廄裡牽來馬匹，他騎馬穿過為歡迎他而張燈結綵的大街。外交官將國書呈遞給皇帝，並轉達本國君主對皇帝的問候，然後他們討論國事。皇帝會設宴款待使節，還有其他貴賓應邀參加。最後使節離開帝國，滿載黃金或拜占庭絲而歸，他的使命就完成了。

拜占庭人並不總是這樣熱情的，如西元 968 年代表義大

利國王鄂圖一世訪問君士坦丁堡的克雷莫納的利烏特普蘭德所受待遇就和前面所說的截然不同。因為那時候鄂圖和皇帝尼克福魯斯二世福卡斯關係緊張，所以，利烏特普蘭德看到的是拜占庭外交的另一面：虐待外交官，作為對他所代表的國王表示不滿的方式。

利烏特普蘭德一到拜占庭就被人帶到他所描述為「可惡的、沒有水、四面透風的大理石房子裡」。在那裡，他由一名無能的僕人服侍，這樣的僕人「在人間你再找不到第 2 個，在地獄裡倒可能找到」。到了要去皇宮的那天，他發現他得步行去。對於利烏特普蘭德來說，告別宴會也是個侮辱：利烏特普蘭德坐在桌子的下首，而保加利亞使節卻挨著皇帝坐著。最後，當他要離開這座城市的時候，他購買的五個絲袍也被拜占哈里發遣使拜見拜占庭皇帝。被官員沒收了。

這位使節有他報仇的時候。在後來寫到這次訪問的時候，他把尼克福魯斯刻畫成「一個長相奇特，眼小如鼴鼠，毛髮濃密像只豬的人」。利烏特普蘭德最後寫道：「他決不是你願意在午夜意外遇見的那種人。」

✦ 拜占庭的貿易

拜占庭的商業貿易極為繁榮，任何人邁入君士坦丁堡的市場，都立刻會感到他們身處在東西方貿易的交叉口。

1180 年，已有大約 6 萬外國人在君士坦丁堡城的商業區居住經商。倉庫和市場上堆滿了豪華絲綢、奇珍異寶、琺琅金屬工藝品、雕刻精美的象牙、香水、香料、皮革製品以及各式各樣的日用品。「人們簡直不能相信世上竟有這等富饒的城市。」法國史家傑奧弗裡‧德‧維拉杜安發出這樣的讚嘆。負責管理這樣龐大的機構的是城市長官，即郡長，郡長的權力僅次於皇帝。郡長兼任法院院長，還是製造業和貿易的惟一權威。正如約在 912 年出版的《郡長傳》所描述的，他負責制定價格、利率和工資，規定稱量標準，徵收所有進出該城的商品稅，設定匯兌率，向商人釋出行業條例。

「黃金角」海灣。他有幾千名屬下嚴格執行著商業法。一位西班牙旅行者魯伊‧德‧克拉維霍這樣記述違規者可能受到的懲罰，他寫道：「大街上立著手足枷，牢牢地固定在地面上，綁在上面的是那些犯下大罪要被監禁的人或者是那些違反法律或市政當局法規的人，比如說那些賣麵包、賣肉缺斤短兩的人。」

拜占庭帝國在這一體制下繁榮昌盛，12 世紀時，單是君士坦丁堡一地的關稅就為帝國國庫增加了約值 2000 萬元的黃金。事實上，一些歷史學家認為帝國的衰落可以追溯到貿易的自由化 —— 以及郡長權力的削弱上。

✦ 拜占庭的金銀製品

儘管拜占庭金幣作為國際標準交換媒介達一千年之久，但用貴重金屬做成的物品在市場上也用作通貨。銀製器具如碗和水罐等被用在對俄羅斯、西伯利亞和斯堪地那維亞等地的貿易中，在其他地方也用作獲取貸款的抵押品。富裕人家中有銀匙、銀質書封面和銀質傢俱鑲嵌品，拜占庭教堂內的聖壇上擺放著銀質聖餐杯、聖餐盤及其他聖餐儀式器具。大部分黃金留給皇帝獨享，就連他吃飯都用金盤子。

由於金銀在拜占庭帝國所占據的重要位置，所以皇帝非常關心作為帝國匯兌手段的金銀的純度。《郡長傳》中記載的最嚴厲的懲罰就包括對熔化硬幣鑄造其他東西的人的懲罰。命令規定，任何人「若私自出賣銀子用於製造物品並銷售將被砍去雙手」。法律在對於金銀的管理上發揮了重要作用，當時拜占庭的法律規定銀匠只能在梅塞大街的作坊中工作，而不能在家裡，這要受郡長派出的檢察官的監督。金匠一次不得購買一磅以上的沒有鑄成硬幣的金條。

但拜占庭最精緻的金屬製品要數金製品和景泰藍。其中最令人驚異的當屬著名的帕拉多霍祭壇組雕。組雕展現了令人眩目的黃金、琺瑯、珍珠和寶石。威尼斯總督於西元 976 年委託君士坦丁堡的一個作坊製作中心嵌板。西元 1105 年，

奧德拉佛・法裡埃總督又加上了更多的琺琅製品，其中包括他本人的肖像。基督和聖母的生活畫面是西元 1204 年皮特洛・齊亞尼總督的軍隊從君士坦丁堡的潘托克拉特修道院擄掠來的，後來加到了上面。直到西元 1345 年，祭壇組雕在阿德里亞斯・丹多洛總督時期最終完成了它哥特式的形狀。

✦ 拜占庭的裝飾物 —— 象牙

早在西元 429 年，《狄奧多西法典》由拜占庭皇帝狄奧多西二世和瓦倫提尼安三世釋出後，用象牙作宗教藝術品和非宗教物品就有嚴格規定。當時的象牙雕刻師享有特權，體現出統治者對象牙雕刻的重視。法典免除象牙雕刻師加在其他工匠頭上所有的公民義務，這樣他們就可以使工藝日進，把這一行一代又一代地傳下去。

拜占庭金幣（自上而下分別為：查士丁尼一世金幣，查士丁尼二世金幣，利奧六世金幣正反面。）7 世紀初年以前，印度和非洲的象牙大批湧入君士坦丁堡，價格也較便宜。西元 619 年，亞歷山大港被波斯攻占後，帝國失去了與販運象牙到陸上貿易城市商人的聯絡，拜占庭的象牙雕刻停止了。直到 9 世紀末利奧六世在位的時候才恢復象牙貿易。但到那時候，象牙已變得非常稀有，價格自然也水漲船高，一般只用來製作帝國徽章和宗教工藝品。

鍍金銀盃（現存斯德哥爾摩博物館的 11 世紀拜占庭工藝
品）。白銀首飾盒（現存大英博物館的 4 世紀拜占庭銀質工藝
品）。在聖像破壞運動中，特別富有且能夠買得起象牙的拜占
庭人，很喜歡購買雕刻精細的象牙書封面、嵌板和盒子。當
時用象牙雕刻的諸如「基督受難三折板」之類的基督教聖物，
也為人們所推崇，供私人做祈禱之用。

✦ 拜占庭的史學

裝飾著金子和寶石的禮拜儀式書西羅馬帝國滅亡後，東
羅馬帝國還繼續存在了將近一千年之久。從政治上說來，拜
占庭帝國是古羅馬的繼續。在西元 7 世紀以前，拜占庭在文
化上大致還保持著希臘羅馬的傳統。在這裡，基督教會的勢
力不像在西歐那樣至高無上，而是隸屬皇帝，作為專制政體
的工具而存在的。因此，拜占庭文代中的世俗性明顯多於西
歐各國的文化。

當查士丁尼皇帝在位時，拜占庭帝國的國力最為強盛。
這時出現了拜占庭歷史上最著名的史學家普羅科匹厄斯（約
500 ～ 565 年）。普羅科匹厄斯出身於巴勒斯坦凱撒裡亞地方
的貴族之家，早束著金幣的結婚腰帶年曾受過古典教育，以
博學聞名當世。西元 527 年，他來到君士坦丁堡，開始其仕
宦生涯。先是由大將軍貝利撒留聘為記室，隨其率軍轉戰各

地；後來又長期地在宮廷中供職，執掌機要。所以，他非常瞭解查士丁尼所進行的那些戰爭以及當時的政事。普羅科匹厄斯留下兩部重要的著作：一為《當代史》（即《查士丁尼皇帝征戰史》），主要是記述東羅馬帝國興兵滅汪達爾王國、東哥特王國，並移師向東與波斯帝國爭衡的經過；一為《秘史》，描述查士丁尼時代的宮廷內幕，對當時的顯貴人物頗多譏諷，真可謂是一針見血。普羅科匹厄斯在寫作時，非常注重歷史的真實性，所以他的著作大致上是實錄。

拜占庭的學者們致力於古籍的整理，其中貢獻較大的是大教長福提斯（約 820 ～ 892 年）。福提斯是政治上和宗教上的顯要人物，曾兩度擔任君士坦丁堡的大教長。他博覽群書，勤於搜訪古籍，在公務之餘寫了一部《群書摘要》，輯錄的古典著作達 280 種之多，為保留當時的古著作，立下汗馬功勞。

✦ 查士丁尼與《民法大全》

查士丁尼是早期拜占庭的一位重要皇帝，他的統治奠定了中世紀拜占庭的基礎，他的立法工作對古代羅馬做了很好的總結和歸納。他所主持編纂的《民法大全》不僅從人類法制史的角度看是一座偉大的里程碑，即使從政治史和經濟史的角度看，也是一座偉大的里程碑。查士丁尼的法典不是對古

代羅馬法制傳統的簡單重複和繼續，而是十分客觀地反映了
自羅馬到拜占庭時期政治經濟體制的發展演變，揭示了羅馬
社會的奴隸制經濟被隸農制經濟所替代的歷史發展過程，揭
示了羅馬社會「40 殉道者」（17.6×12.8 釐米，理存柏林國家
博物館的 10 世紀拜占庭象牙雕刻）。由傳統的古代多種崇拜
時期進入一神教的基督教一統天下的歷史過程，同時也揭示
了羅馬國家自共和時期到元首制時代，以及過渡到完全的帝
制時代這一漫長的歷史時期中，羅馬法制思想的變化和人民
意志讓位於君主意志的歷史發展過程。它承認了歷史的發展
和進步，承認社會的發展變化，並在政策上促其發展，從而
使傳統與現實相協調。

　　西元 528 年，查士丁尼召集了 10 位國內著名的法學家組
成一個專門委員會，著手將古羅馬歷代皇帝的法令和敕令彙
編成冊。529 年 7 月，《查士丁尼法典》正式問世。該法律一
經頒布，立即取代其他與此矛盾的舊法，成為拜占庭帝國惟
一具有權威性的法典。

　　西元 530 年 12 月 15 日，查士丁尼再度指示法學家特里
波尼安組成 17 名法學家編輯委員會編纂《法學彙編》與《法
學總論》。在他統治末期，又命令法學家將自己在 534 年以後
頒布、未能收入法典的法令編輯成《查士丁尼新法》，該法於
565 年頒行於世。

　　這樣一來，查士丁尼一世就完成了《羅馬民法大全》的編輯工作，為他的改革和整頓工作提供了統一的尺度，為理順各種社會關係提供了理論依據。由於飼歐洲歷史上第一部系統完整的法典，因此它不僅成為拜占庭帝國此後歷代皇帝編纂法典的依據和藍本，而且成為歐洲各國的法律範本，對近代世界立法的發展產生了深遠影響。

　　《民法大全》共 12 卷，共 4562 條法令。法典第 1 卷的前言蒐集了皇帝釋出的關於編寫法典的一系列法令，隨後是宗教法、法律理論和條文。第 2～8 卷是私法，第 9 卷是刑法，最後 3 卷是統治手段。

　　《民法大全》透過總結和整理古代立法對現實的改革作出理論上的規範，反映查士丁尼重建羅馬帝國的原則思想。它首先強調了皇權和國家政權的至高無上的地位，宣傳君主專制思想；其次，該法提出公法優於私法的原則，對兩者作出了明確劃分；第三，該法肯定了教會在國家的地位，它不僅擁有主管道德權利和義務的權力，而且擁有參與國家司法活動的權力；第四，該法繼續承認奴隸制，但是承認奴隸具有「人」的地位；第五，該法確定了社會各階層的權利和義務，以及各階層之間的關係，力圖以法律形式穩定社會各階層的流動；第六，該法還對婚姻、財產繼承等社會生活等方面作了法律規定。

　　總而言之，《查士丁尼民法大全》反映了他維護政治集權、強調社會階級的對立、承認歷史的發展進步的基本原則，是「以私有制為基礎的法律的最完備形式」，是拜占庭帝國留給現代社會的最寶貴的遺產。這套鉅著如今仍是法學院學者和研究古代世界歷史的諸多學者的必讀經典，是人類文明史上的一份寶貴財富。

拜占庭文化的世界影響

　　在長達近一千多年的歷史中，拜占庭文化以其獨特的角度影響著世界上許多地區的文化，其中以對斯拉夫文化的影響最敘利亞古文書中仿拜占庭式插圖為深遠。斯拉夫人在 6 世紀進入巴爾幹半島時，他們還處在從原始的氏族公社向階級社會轉變的階段。那時，他們的文化發展水平十分低下 1 到 9 世紀初，在斯拉夫人國家中相對發達的保加利亞人還沒有自己的文字，更沒有形成獨立的文化特色。他們在入侵拜占庭帝國領土的同時接觸到了先進的文化，並極力地模仿拜占庭的政治和法律制度，還將拜占庭皇帝和宮廷禮儀作為學習的榜樣，而拜占庭的金銀珠寶首飾和各種奢侈品則對斯拉夫貴族起了潛移默化的作用。

　　9世紀中期，拜占庭文化對斯拉夫人居住區的傳播達到高潮。當時，迫於法蘭克國王查理曼入侵壓力的摩拉維亞大公拉斯迪斯拉夫（846～870年在位）與拜占庭帝國結盟，希望尋求軍事和文化支援，並請求米哈伊爾三世派遣傳教士到摩拉維亞。不久，保加利亞國王伯利斯一世（852～889年在位）也向拜占庭皇帝米哈伊爾三世請求傳教。西元862年，西里爾（826～869年）和其弟美多德斯應邀前往傳教，幫助斯拉夫人建立獨立教會，並使用希臘字母為斯拉夫方言拼音，創造出西里爾文字，還用西里爾文字進行《新約》和古希臘著作的翻譯，從而奠定斯拉夫文學的基礎，西里爾文字也成為斯拉夫各民族文字的淵源。這一事件在斯拉夫文化發展史上有標誌性意義，它標誌著斯拉夫民族文明化的開端。

　　有了自己文字的斯拉夫文化迅速蓬勃發展，並逐步形成具有鮮明特徵和豐富內容的獨立文化體系，拉斯迪斯拉夫和伯利斯一世因為引進拜占庭文化和基督教而被後人尊為斯拉夫文化的奠基人。而後，他們作為當地君主積極倡導的獨立教會也得到君士坦丁堡大教長的承認和支援，獲得合法地位。在教會的積極組織下，斯拉夫各地建立了許多修道院、學校和教堂，斯拉夫各國還派遣大批留學生到君士坦丁堡的教俗學校學習。

　　塞爾維亞人後來取代摩拉維亞人控制巴爾幹半島西北

部，並接受西里爾文字和東方基督教，而克羅埃西亞、達爾馬提亞則接受西方基督教。伯利斯之子西蒙（892～927年在位）統治時期，保加利亞成為傳播拜占庭文化的中心。西蒙本人在君士坦丁堡接受過全面教育，受拜占庭文化影響頗深，回國登基後大力支援文化事業，併為此採取了一系列措施，保護精通拜占庭藝術的藝術家，他還派遣學生專程到君士坦丁堡學習拜占庭建築，重新建造首都，大量拜占庭和古希臘的書籍被翻譯成為斯拉夫文字。自此，斯拉夫人古代以口相傳的歷史第一次得到系統的整理。此外，西蒙還仿效拜占庭式的中央集權的官僚體制，重新建立了政府機構，並與之相適應確立了拜占庭式的稅收制度。

拜占庭文化對古俄羅斯人的影響也非常大。9世紀末前後，諾夫哥羅德和基輔的留里克王朝就與拜占庭人發生聯絡，並接觸到先進的文化，在這一時期，拜占庭傳教士開始訪問基輔，西里爾文字也在古俄羅斯流傳。所以說，在俄羅斯人正式接受基督教以前，拜占庭基督教就已經在悄悄地改變著俄羅斯人的多神教信仰。

俄國弗拉基米的聖迪特里教堂（12世紀拜占庭式建築）。西元954年，大公伊戈爾之妻奧爾加皈依了東方基督教。45年後，發生了俄羅斯歷史上非常重要的事件，大公弗拉基米爾（980～1015年在位）強迫臣民全體受洗，接受基督教為

國教。從此以後，俄羅斯採取拜占庭式的政府制度，廣泛接受拜占庭文化。因而俄羅斯的繪畫藝術和建築風格在拜占庭文化的基礎上逐步形成了自己的特點，拜占庭教會的思想觀念也逐步滲透到俄國人民的日常生活中，俄羅斯民族文學以西里爾文字為工具，並在此基礎上逐漸有了區別於別國文字的獨特之處。

拜占庭文化在斯拉夫民族中普遍得到認同，君士坦丁堡被東歐斯拉夫人看作是他們共同宗教和文化起源的中心。他們以拜占庭文化為基礎，發展出更加粗獷、簡潔的文化特點。在拜占庭帝國衰落過程中，拜占庭知識界與斯拉夫各民族的文化關係繼續發展，逐步形成具有共同信仰並有別於西歐的東歐世界。

拜占庭文化對阿拉伯文化的影響先於伊斯蘭教的興起，而兩種文化的頻繁交往是在 7 世紀中期伊斯蘭教興起以後。可以說，伊斯蘭文化是在波斯、小亞細亞、拜占庭和印度各式各樣文化的直接影響下形成的。伊斯蘭文化的形成主要有兩部分，一部分是隨著阿拉伯軍隊大規模的軍事擴張而形成和發展，它與被征服地區和交戰民族進行了廣泛的接觸，另一部分主要是來自於其他文化因素，其中拜占庭文化就是早期伊斯蘭文化學習的物件。在阿拉伯軍隊占領的原拜占庭帝國領土上存在許多拜占庭文化中心，它們中有敘利亞的安條

克、巴勒斯坦的凱撒利亞和加薩等，其中埃及的亞歷山大最為重要。在這些城市，學者雲集，圖書館和博物館收藏豐富，文化氣氛濃厚，這些特點都是其他城市所沒有的。作為這些文化中心的新主人，阿拉伯人自然擁有接受拜占庭文化的優越條件，他們從這些文化中心開始瞭解到古典文化和拜占庭學術和藝術。

8世紀前半期，阿拉伯人在軍事擴張受到阻礙後，阿拉伯人才開始重視文化方面的交往，也有利的緩和了各民族和宗教的對立，從而使文化交往得到了長足進步。當時拜占庭皇帝利奧甚至允許阿拉伯人在君士坦丁堡建立清真寺，君士坦丁堡大教長還致信駐克里特的埃米爾說：儘管兩個民族習俗、生活方式和宗教信仰不同，但應該像兄弟一樣共同生活。

事實上，阿拉伯人在西亞、北非地區的擴張也迫使拜占庭人開始調整對阿拉伯人的政策，而文化滲透對拜占庭統治者來說無疑是重要的外交工具，因此多數皇帝都很重視文化交往。文化交往活動在當時十分頻繁，哈里發的使節受到拜占庭王公最高規格的接待，在拜占庭朝廷外賓的名冊上，來自巴格達和開羅的使節排位在西歐使節之前，而拜占庭皇帝的使節也受到阿拉伯哈里發的盛情款待。在和平時期，哈里發邀請拜占庭學者到巴格達講學作為其文化活動的重大事

件。正是這種人員往來促進了兩種文化的交流。

君士坦丁堡對伊斯蘭文化中心巴格達和科爾多瓦的文化影響一直持續到 11 世紀。十字軍戰爭和西歐十字軍騎士對巴爾幹半島和中東地區的破壞徹底改變了拜占庭文化和伊斯蘭文化的關係，同時，由於阿拉伯帝國和拜占庭國家的持續衰落也改變了西亞政局，遂使兩種文化交往進入低潮。雖然，在拜占庭生存的整個時期，它都在使自己適應時代的環境的變化，但它仍缺乏創新精神。即便如此，作為歐洲中世紀最文明最開化的國家，拜占庭文明對世界各地的文化影響仍是十分深遠的。

電子書購買

爽讀 APP

國家圖書館出版品預行編目資料

千年拜占庭輝煌到衰亡的帝國史詩：從羅馬的
遺產到君士坦丁堡的陷落，多元世界帝國的歷
史、文化與宗教 / 林之滿,蕭楓 主編. -- 第一版.
-- 臺北市：崧燁文化事業有限公司, 2024.03
面；　公分
POD 版
ISBN 978-626-394-075-8(平裝)
1.CST: 拜占廷帝國 2.CST: 歷史
740.229　113002502

千年拜占庭輝煌到衰亡的帝國史詩：從羅馬的遺產到君士坦丁堡的陷落，多元世界帝國的歷史、文化與宗教

臉書

主　　　編：林之滿，蕭楓
發 行 人：黃振庭
出 版 者：崧燁文化事業有限公司
發 行 者：崧燁文化事業有限公司
E - m a i l：sonbookservice@gmail.com
粉 絲 頁：https://www.facebook.com/sonbookss/
網　　　址：https://sonbook.net/
地　　　址：台北市中正區重慶南路一段六十一號八樓 815 室
Rm. 815, 8F., No.61, Sec. 1, Chongqing S. Rd., Zhongzheng Dist., Taipei City 100, Taiwan
電　　　話：(02) 2370-3310　　傳　　真：(02) 2388-1990
印　　　刷：京峯數位服務有限公司
律師顧問：廣華律師事務所 張珮琦律師

-版權聲明

定　　　價：299 元
發行日期：2024 年 03 月第一版
◎本書以 POD 印製
Design Assets from Freepik.com